UN ŒIL SUR LE MONDE

La désindustrialisation : restructurations, délocalisations

Auteur :
Robert Poitrenaud.

Collaborateurs : Lucien Buisson, Georges Delobbe, Pierre Judet.

pemf

Sommaire

Désindustrialisation

Force est de constater que la fin du XXe siècle et le début du XXIe marquent un fort mouvement de désindustrialisation en Europe de l'Ouest et particulièrement en France.

Même si une partie de la perte des emplois industriels a été compensée par la création d'emplois dans les services, le taux de chômage a atteint des sommets dans les pays européens dits « industrialisés ».

Cette désindustrialisation s'est manifestée sous trois formes principales :

- la mutation qui a causé, dans certaines régions, la disparition complète de sites industriels ou d'entreprises au profit d'autres plus compétitifs ;
- la restructuration nécessitée par de mauvais résultats ;
- la délocalisation où ce sont les industriels eux-mêmes qui déplacent tout ou partie de leur lieu de production tout en en conservant la maîtrise.

Quelle qu'en soit l'analyse des raisons, liées à la mondialisation de l'économie, il est indiscutable que cette évolution relève de l'essence même du capitalisme. En termes simplistes, l'argent va toujours là où il a le plus de chances de fructifier.

Il est intéressant de se souvenir comment le capitalisme s'est imposé au moment de la révolution industrielle, comment il a déshumanisé la notion de propriété industrielle, comment il a créé un prolétariat dépendant et quels ont été les moyens utilisés par le monde ouvrier pour améliorer ses conditions de travail et de vie.

Une friche industrielle dans la région bordelaise, l'ancienne usine des Établissements Boyer.

La montée en force de la main-d'œuvre et ses acquis sociaux, concrétisés par l'arrivée au pouvoir de forces plus démocratiques, ont créé des obstacles - coût du travail salarié, lois sociales concernant le droit de grève ou la garantie de l'emploi, sécurité sociale - qui ont réduit les marges de manœuvre du patronat et les dividendes des actionnaires. Le capitalisme se devait de réagir.

Les mutations industrielles, qui ont marqué la seconde moitié du XXe siècle après l'embellie due à la reprise des affaires à la fin des conflits mondiaux, sont liées à l'évolution du monde et à l'émergence de nouveaux pôles industriels et économiques, évolution à laquelle on a donné le nom de *mondialisation*. La vieille Europe et son industrie en ont en partie fait les frais et nombreuses sont les entreprises qui ont dû engager une restructuration.

La délocalisation, qui en est une des formes, est aussi bien un moyen d'éviter la disparition d'une entreprise que la possibilité de renforcer le profit du capital détenu par les actionnaires.

Les gouvernements des pays industrialisés, plus ou moins touchés par ces phénomènes, ont à faire face à la montée du chômage et doivent trouver des solutions pour recréer les bassins d'emplois qui disparaissent.

Quel est le degré réel de cette désindustrialisation ? Jusqu'où ira-t-elle ? Les emplois de service ou les techniques de pointe liées à l'innovation seront-ils suffisants pour faire face au déficit d'emplois ? Quelle sera l'évolution des nouveaux pays émergents ? Que sera la société postindustrielle ?

Pour trouver des réponses à ces questions, nous avons fait appel à l'avis de spécialistes, économistes ou chargés de mission. Il est difficile de savoir quel est le degré de fiabilité de leurs prévisions dont certaines nous étonnent ou nous laissent perplexes.

Nous verrons qu'elles nous posent parfois plus de questions qu'elles ne nous donnent de réponses.

L'ESSOR DU CAPITALISME

Pour résumer d'une manière simple - et, espérons-le, pas trop simpliste -, le capitalisme est né du passage d'une économie de subsistance, basée sur l'agriculture et l'élevage, à une économie de consommation dont la justification était d'améliorer les conditions de vie du plus grand nombre en le faisant profiter du « progrès » auquel tout homme était censé aspirer.

La nécessité de créer des moyens de production a engendré la recherche de capitaux permettant de les réaliser et de créer les produits à mettre sur le marché. Il est apparu rapidement que les fortunes existantes étaient insuffisantes pour l'ampleur des besoins et qu'il fallait faire appel à plusieurs possédants pour constituer le groupe des actionnaires.

Statistiques financières et titres d'actions.

L'actionnariat

« La mise en commun, entre personnes qui se connaissent et se font confiance, des ressources nécessaires à une entreprise et le partage du profit éventuel sont un usage invétéré qui a joué un rôle essentiel dans le développement des premières formes du capitalisme, notamment dans le financement du commerce maritime au long cours à l'époque de la Renaissance.

C'est toutefois l'apparition de la société anonyme par actions, lors de la révolution industrielle des XVIIIe et XIXe siècles, qui lui a donné le cadre juridique adapté à sa pleine capacité d'expansion. Ce phénomène se poursuit sous nos yeux, en dépit des crises cycliques de l'économie et de la rivalité, de moins en moins forte, des formules étatiques et dirigistes de financement.

En divisant le capital d'une entreprise, si important soit-il, en quotes-parts d'un montant unitaire modeste, représentées par un titre de négociation aisée, il devenait en effet possible de s'adresser à la petite épargne aussi bien qu'au grand capitalisme, sans que les souscripteurs aient à se connaître [...]

*Cette formule a connu un succès éclatant. La quasi-totalité des grandes entreprises industrielles, financières ou commerciales sont aujourd'hui des sociétés par actions. »**

* D'après Pierre Balley, *Encyclopædia Universalis*, 2004.

Plus grand est le nombre d'actionnaires, plus le rapport avec l'entreprise est dilué. La notion d'appartenance tend à disparaître ainsi que l'attachement que le propriétaire pouvait avoir pour la réalité concrète que sont les murs et les machines. La possibilité de se défaire rapidement de ses actions et d'en acquérir de nouvelles a renforcé ce détachement. L'actionnaire n'est plus propriétaire que de titres qui valent plus ou moins cher selon les fluctuations boursières et les dividendes qu'ils engendrent. Que l'entreprise soit dans son pays d'origine ou dans un pays lointain n'a plus aucune importance.

Il y a donc déshumanisation de la propriété. L'entreprise appartient à son capital. Elle n'est plus gérée par son fondateur mais par un directeur souvent recruté à prix d'or pour ses performances, responsable devant un conseil restreint et révocable si le profit qu'il doit engendrer vient à baisser.

Le capitalisme aujourd'hui

« Qu'en est-il du capitalisme aujourd'hui ? Le système a la forme d'une pyramide. À la base, les quelque 300 millions d'individus qui possèdent les actions : 5 % de la population mondiale, très concentrés dans les pays développés. Ils sont les propriétaires des entreprises, mais parler de « capitalisme populaire » relève du mythe ! Car les actionnaires cadres, employés, ouvriers, retraités ont délégué leur pouvoir au deuxième étage de la pyramide : une dizaine de milliers de gestionnaires de fortune, de compagnies d'assurances, de fonds de pension...

Ces professionnels gèrent plus de la moitié des actions de toutes les Bourses du monde : quelque 10 000 milliards de dollars ! Et ce sont eux qui, par délégation, ont vraiment le pouvoir. Ce sont ces « fonctionnaires du capitalisme » qui fixent les normes et les règles de gouvernance qui s'appliquent aux entreprises, à commencer par l'exigence d'un retour sur investissement d'au moins 15 %...

Enfin, au sommet de la pyramide, plus identifiables, il y a les managers des quelques milliers d'entreprises cotées. Mais ils doivent obéir aux fonds. Ceux qui n'appliquent pas avec assez de zèle la norme capitaliste sont écartés. [...]

Ce capitalisme financier a pour unique objectif la création de richesse pour l'actionnaire. Incapable de prendre en compte l'intérêt général, il crée une économie de rente au détriment de la production. » *

* Vu par Jean Peyrelevade, ancien patron du Crédit lyonnais. Cité par le *Nouvel Observateur* du 29.09.2005.

A New York, le bâtiment de la Bourse américaine, en anglais le *Stock Exchange*, est situé à Wall Street.

La main-d'œuvre

Quelles sont, hors de l'esclavage aboli, les caractéristiques idéales que doit présenter pour le capitalisme une bonne main-d'œuvre ?

Elle doit être nombreuse et supérieure aux besoins pour instaurer la concurrence entre les individus.

Elle doit être peu qualifiée et facilement remplaçable grâce à la division du travail qui implique des tâches parcellaires pour lesquelles la formation est facile et rapide.

Elle doit provenir d'un milieu aux moyens extrêmement réduits afin que l'embauche constitue une chance et crée une dépendance.

Dans l'histoire de la révolution industrielle ces conditions n'ont pas toujours été remplies en fonction du pays, de la population et des activités existantes, l'agriculture pour une grande part.

Dès les premières installations importantes, il a fallu faire appel à l'immigration, autre moyen de mettre l'ouvrier en état de dépendance.

Par ailleurs, selon les pays ou les régions, les ouvriers ont pris plus ou moins rapidement conscience de leur aliénation et ont cherché les moyens de la réduire. La lutte des classes a conduit les sociétés industrielles à chercher des compromis, avec les ouvriers d'une part, avec les pouvoirs politiques en place d'autre part.

On pourra prendre deux exemples : l'évolution des relations entre la direction et les ouvriers de l'usine du Creusot en France et la naissance du « taylorisme » aux États-Unis.

Le Creusot des Schneider

Avec le Creusot des Schneider, on a l'exemple d'une entreprise qui a besoin de s'installer auprès des sources d'énergie, en l'occurrence à l'époque les mines de charbon, et de la production de la matière première, le minerai de fer.

Pour construire les usines, il est fait appel aux terrassiers auvergnats et aux compagnons du tour de France venus des alentours ou de régions plus éloignées, voire de l'étranger.

Les relations avec les dirigeants sont difficiles et la répression est parfois sévère. La plupart des ouvriers de fabrication viennent de l'agriculture et de l'artisanat et ne sont pas qualifiés. Pour résoudre ces problèmes, les Schneider créent un système de dépendance : le paternalisme.

Pour supprimer les « casernes », foyers de rébellion, les Schneider adoptent une politique du logement avec possibilité d'accession à la propriété. Mais ce logement est une récompense, gratuit pour le personnel d'encadrement, assorti d'un prêt remboursable que seuls les bons ouvriers peuvent obtenir.

Un second lieu de dépendance est la création d'écoles : ce sont les notes obtenues à l'école qui déterminent la place dans l'entreprise.

Les ouvriers les plus pauvres dépendent également de la Caisse de prévoyance et du Bureau de bienfaisance où les aides sont fonction de la moralité.

Les luttes sociales

Dès 1848, les ouvriers se mettent en grève pour obtenir une augmentation des salaires, une diminution de la journée de travail, des garanties contre le chômage. Le processus est enclenché qui conduira au droit de grève, à la syndicalisation, aux 40 heures et aux congés payés du Front populaire, à l'obligation d'autorisation de licenciement et aux 35 heures de Martine Aubry.

Résumé rapide de l'évolution sur un siècle et demi de la condition ouvrière. Ce qui fait dire aujourd'hui à Laurence Parisot, présidente du Médef, association patronale : *« Embaucher aujourd'hui est un risque parfois quasi mortel parce que le coût du travail est élevé et que l'environnement juridique et psychologique n'est pas favorable à l'entreprise. Entrer dans un métier, prendre un emploi et le garder quasiment à vie est une utopie : la précarité est une loi de la condition humaine. »*

Fonte des lingots d'acier dans l'atelier Burmeister & Wain à Copenhague.
Tableau de P.S. Kroyer, 1885.

Les grèves de Montceau-les-Mines en 1901 : un groupe de mineurs, dénommés « les jaunes », devant le puits Magny.

Le taylorisme

L'ingénieur américain Frederick Winslow Taylor expérimente, dès 1880, une organisation du travail rationalisant le plus possible l'utilisation des machines, des hommes et du temps. Le temps est précis, découpé, réglementé. Le travailleur est soumis entièrement à l'enchaînement des opérations techniques chronométrées. On casse ainsi la « flânerie ouvrière » et, avec elle, la marge de liberté et d'initiative. Plus que cela même, les tâches devant être simples et répétitives, l'apprentissage conduisant à la polyvalence, au métier, devient inutile. Le taylorisme draine le plus souvent des populations d'origine rurale sans qualification.

La seule opposition possible au taylorisme et à la division du travail est la prise de conscience des ouvriers de leur aliénation, de leur volonté de s'en défaire et de s'unir pour obtenir des conditions de travail plus « humaines ».

Par ailleurs, le développement de la société de consommation nécessite la création de classes moyennes, mieux payées, pouvant espérer jouir des produits qu'elles fabriquent.

Dans *Les Temps modernes*, un film de 1936, Charlie Chaplin illustre le rapport entre l'homme et la machine de production intensive, et les implications du travail à la chaîne.

Les entreprises qui délocalisent doivent tenir compte de cette évolution. Elles peuvent être tentées de traiter la main-d'œuvre des pays qu'elles investissent comme l'ont fait les pionniers du capitalisme. Elles doivent tenir compte que l'évolution de la mentalité ouvrière sera plus rapide et qu'elles auront rapidement à faire face aux revendications.

Par ailleurs, l'augmentation du chômage dans les pays industrialisés réduit les possibilités d'achat des classes moyennes. Tous ne bénéficieront pas des nouvelles activités que nous promettent la recherche et l'innovation avec la mise en place de postes très qualifiés. Il est donc indispensable pour eux de voir accéder les populations où ils s'installent à un niveau supérieur leur permettant de consommer au-delà des produits de première nécessité.

Verra-t-on une évolution telle que l'ont connue les pays industrialisés où « embaucher constitue un risque quasi mortel », avec des délocalisations en cascades, un Tiers-Monde ayant accès à la société de consommation et, au bout, une nouvelle impasse pour les industriels capitalistes ?

La mondialisation

« Au cours des deux dernières décennies du XXe siècle, les interdépendances se sont approfondies de manière inégale entre les pays et les régions du monde. Les échanges commerciaux se sont intensifiés, les firmes multinationales se sont déployées par les investissements directs à l'étranger et les différentes formes de partenariat, la mobilité des capitaux a entraîné l'intégration financière [...].

La notion de « mondialisation » renvoie aux formes actuelles du capitalisme, en y incluant ses aspects politiques, tant sont liées les mutations du capitalisme, l'ouverture des marchés, la position hégémonique acquise par la puissance américaine et le rôle des institutions internationales - OMC, FMI** ou Banque mondiale - qui en sont les vecteurs.*

Plus précisément, le terme renvoie en particulier aux domaines économique et financier, où les effets du processus sont particulièrement sensibles. Celui-ci s'est d'abord nourri du développement considérable des échanges commerciaux au cours des dernières décennies, puis de celui des investissements directs. Il débouche sur une troisième étape, la « globalisation », caractérisée par l'organisation de réseaux de production transnationaux grâce à l'association de l'informatique et des télécommunications, et à la circulation instantanée de l'information. »
(Michel Aglietta, Christophe Aguiton, *Encyclopædia Universalis*, 2004.)

* OMC : Organisation mondiale du commerce.

** FMI : Fonds monétaire international.

Paris, septembre 2003 : arborant le slogan « Le monde n'est pas une marchandise à vendre », les altermondialistes manifestent contre la conférence ministérielle de l'OMC sur le développement.

MUTATIONS INDUSTRIELLES

Les grandes mutations qui ont vu, au cours du XXe siècle, des pans entiers de l'activité industrielle disparaître presque complètement de pays européens, dont en particulier la France, ne sont pas, la plupart du temps, des délocalisations dans le sens qu'on leur donne aujourd'hui.

Qu'il s'agisse de l'industrie minière (charbon ou fer), de la sidérurgie, de l'industrie textile, de la construction navale, la désindustrialisation n'a pas relevé d'une volonté des industriels de transférer leur activité dans un autre pays.

Ce sont, le plus souvent, la concurrence internationale et le transfert des investissements vers des secteurs plus prometteurs qui les ont obligés à abandonner leur fabrication devenue non compétitive sur le marché mondial.

*La fin du charbon européen**

* D'après un rapport de la Cour des comptes.

La France a peu de réserves de charbon. Les conditions d'exploitation de ses gisements ont toujours été difficiles et, de façon générale, nettement moins favorables que dans les autres pays européens.

Néanmoins, parce que le charbon a été longtemps la principale source d'énergie, sa production a contribué de façon déterminante, du début du XIXe siècle à la reconstruction qui a suivi la Seconde Guerre mondiale, au développement industriel du pays.

Elle a permis de limiter la dépendance énergétique. Longtemps elle a tenu une place déterminante dans l'économie locale ou régionale. En particulier dans le Nord, elle a déterminé l'environnement économique et social, et modelé le paysage au point que certaines installations appartiennent désormais au patrimoine de la région.

Histoire du charbon en France

L'exploitation des mines de charbon commence au milieu du XVIIIe siècle à Anzin, à Saint-Étienne et à Carmaux. Elle est d'abord très dispersée sur le territoire. Ce n'est qu'au milieu du XIXe siècle, après la découverte des gisements du Pas-de-Calais, que la région du Nord devient la principale zone de production.

Jusqu'au milieu du XXe siècle, le charbon, première source d'énergie utilisée par l'industrie et, à ce titre, clé du développement économique, constitue un enjeu stratégique pour le pays. La recherche de la sécurité des approvisionnements et de l'indépendance énergétique est une préoccupation majeure des gouvernements.

Dès le XIXe siècle, il est cependant reconnu que les conditions d'exploitation sont moins favorables qu'en Allemagne ou en Grande-Bretagne. Les ressources sont insuffisantes pour couvrir les besoins de l'économie et la France est contrainte d'importer de la houille, principalement de Grande-Bretagne.

En 1913, pour une consommation de 65 millions de tonnes de charbon, la France ne dispose que d'une production de 41 millions de tonnes, dont 27 millions fournis par le Nord-Pas-de-Calais, soit un déficit de 24 millions de tonnes. Le charbon français n'est rentable que grâce à des droits de douane élevés.

Un terril du bassin minier de Lens (Pas-de-Calais, France).

À la même époque, la Grande-Bretagne, premier exportateur mondial, produit près de 300 millions de tonnes de charbon, soit 45 % de la production européenne, et l'Allemagne près de 132 millions de tonnes.

La Première Guerre mondiale a été une dure épreuve pour les houillères du nord de la France. En 1915, les besoins sont tels que l'exploitation a été reprise dans le Pas-de-Calais, de nuit, à quelques kilomètres du front. Les destructions de ce conflit sont considérables et placent à nouveau la France dans une position de très forte dépendance.

À la fin des années 1930, la situation française se caractérise par des prix de revient plus élevés que dans tous les autres pays d'Europe - pour une base 100 en France, ils sont de 64 en Grande-Bretagne et 81 en Allemagne -, et par des rendements inférieurs.

À la Libération, durant une brève période marquée par la nationalisation des houillères et la création du statut du mineur, la relance de la production de charbon est une priorité économique incontestée. Pendant la période de reconstruction qui suit, le charbon reste la source d'énergie dominante, fournie à l'économie à prix coûtant.

Carte postale de 1906 éditée au profit des victimes de la catastrophe de Courrières : au matin du 10 mars 1906, une violente explosion, suivie d'un incendie qui se consumera plusieurs jours durant, provoque la mort de 1 200 mineurs.

En janvier 2003, à Gardanne (Bouches-du-Rhône), les mineurs en grève protestent contre la décision de fermeture de leurs mines.

Grâce à d'importants programmes d'investissement financés par l'État, les mines sont modernisées et la productivité croît fortement : les effectifs miniers passent de 330 000 personnes en 1946 à 189 000 en 1960, tandis que la production atteint son plafond en 1958 avec 60 millions de tonnes.

À partir des années 1960, l'environnement économique de la production française de charbon se modifie profondément : les mines sont placées dans une situation compétitive difficile au sein de la CECA ; le prix du pétrole devient la référence des différentes sources d'énergie ; les plans d'adaptation et de récession des Charbonnages se succèdent. Une politique de conversion s'engage à partir de 1967. Le contexte social reste difficile : la violence continuera tout au long de la période à marquer les affrontements sociaux des Houillères. Immédiatement après le choc pétrolier de 1973 puis, à nouveau, durant une très brève période de 1981 à 1983, le charbon est apparu comme pouvant redevenir une énergie de substitution. Mais la relance de l'activité, qui est intervenue alors, a retardé l'adaptation inévitable des Houillères et s'est vite révélée avoir été imprudente et très coûteuse pour les finances publiques.

Le handicap de la production charbonnière est devenu irréversible à la fin des années 1980, avec l'arrivée sur le marché du charbon importé du continent austral, qui bénéficie de conditions d'exploitation très favorables et de l'abaissement des coûts de fret. Désormais, il ne pourra être compensé par aucun plan de productivité ou de restructuration. Néanmoins, après l'arrêt des Houillères du Nord et du Pas-de-Calais en 1990, sept ans s'écouleront avant que n'interviennent de nouvelles fermetures à Forbach en Lorraine, à la Mure dans le Dauphiné et à Carmaux dans le Tarn.

Des plans sociaux successifs sont mis en place. Puis, après un dur conflit social, le « Pacte charbonnier » est signé le 20 octobre 1994 par Charbonnages de France et toutes les organisations syndicales, à l'exception de la CGT. Il organise la fin de l'exploitation dont la date est fixée à 2005 par une déclaration ministérielle qui lui est annexée. Des protocoles d'application établis en avril 1995 le mettent en œuvre.

Alors qu'en 1994 la production s'élevait à 9,4 millions de tonnes et que le personnel inscrit représentait 15 500 personnes, en 2000, la production atteignait 3,9 millions de tonnes pour un effectif de 8 000 personnes à la fin de l'année. Elle a cessé totalement en 2005.

Les derniers mineurs de charbon : à Merlebach (Moselle), en 2003.

Dans l'Union européenne

L'industrie charbonnière est tombée en récession au sein de l'Union européenne à la fin du XXe siècle. La production totale représentait moins de 100 millions de tonnes en 1999, contre 185 en 1992. À l'inverse, la part du charbon importé croissait régulièrement, pour atteindre plus de 150 millions de tonnes en 1999. Le nombre total des salariés des mines était de 106 000 personnes en 1999, en baisse de 16 % par rapport à l'année précédente.

Chaque pays a cherché des solutions pour gérer dans les meilleures conditions la fin de l'exploitation des mines sous ses aspects sociaux, économiques et environnementaux :

- L'Allemagne était en 1999 le premier producteur européen de houille avec 44 millions de tonnes sur 15 sites. En 2005, la production n'était que de 30 millions de tonnes et le nombre de mineurs de 35 000.

- En Grande-Bretagne, longtemps le premier producteur de houille en Europe, le nombre des mineurs est passé de 300 000 à moins de 12 000, et la production de 125 à 36 millions de tonnes.

- En Espagne, la production est répartie entre de nombreux petits bassins, souvent très difficiles à reconvertir. L'exploitation est encore assurée par plus de 80 sociétés, dont la firme publique Hunosa. On compte encore, en 1997, environ 17 000 mineurs pour une production annuelle de 17,5 millions de tonnes. En mars 1998, un second plan de restructuration de l'industrie houillère a été adopté, ramenant la production à 12,7 millions de tonnes en 2002.

L'accompagnement de la récession des activités minières échappe largement au droit européen de la concurrence. La Commission européenne a admis que le marché du charbon ne pouvait être traité selon les règles de droit commun et que l'interdiction des aides d'État dans ce domaine condamnerait à très court terme l'essentiel de l'industrie charbonnière européenne, avec des conséquences sociales et locales inacceptables.

Cette décision a défini une période transitoire entre janvier 1994 et juillet 2002, date d'expiration du traité CECA, au cours de laquelle les concours publics étaient autorisés.

Le traité de la CECA a expiré le 23 juillet 2002. À compter de cette date, toutes les aides financières accordées aux entreprises charbonnières et sidérurgiques de la Communauté ont théoriquement cessé.

Le charbon chinois

Actuellement, le charbon est le seul domaine qui confère à la Chine une très large indépendance puisque ses réserves s'élèvent à plus de 115 milliards de tonnes. C'est même un secteur qui lui permet de jouer sur les cours du marché mondial, en particulier sur celui du charbon à coke. En sont témoins les négociations sino-européennes qui se sont déroulées à Bruxelles, au début de l'année 2004, pour exiger de Pékin, sous menace de recourir à l'arbitrage de l'OMC, qu'il livre à l'Europe les mêmes quotas de coke qu'en 2003, soit au moins 4,5 millions de tonnes, et au même prix. Pour tenter d'esquiver la demande européenne, la Chine avançait pour argument les besoins croissants de ses aciéries, ce qui est en partie vrai.

Pourtant, l'objectif était bel et bien de peser sur les cours mondiaux, en jouant à la fois sur les prix et sur les quotas. En 2002, la tonne de charbon était vendue à 79 $. Elle était passée à 350 $ au premier trimestre de 2004. La Chine exportait 15 millions de tonnes de coke en 2003, soit la moitié du marché mondial. En 2004, elle décidait de réduire approximativement de moitié ces chiffres, dans une fourchette de 8,5 à 9,8 millions de tonnes. C'est l'ensemble de ces éléments qui a déclenché le contentieux entre la Chine et l'Europe.

En Chine, la province du Xinjiang regroupe 40 % des réserves nationales de charbon.
10 000 mineurs meurent chaque année d'accidents du travail dans les mines de charbon chinoises.

Charbon et pollution en Chine

En Chine, le charbon est la clef de voûte du secteur énergétique.

En 1949, la Chine produisait 32 MT de charbon et occupait le 10e rang mondial. En 1988, la production chinoise dépassait 1 MdT et, en 1989, la Chine dépassait les États-Unis pour occuper le premier rang mondial des producteurs de charbon. La production d'énergie place la Chine au troisième rang mondial, au cinquième rang si l'on tient uniquement compte de la production d'électricité. En satisfaisant 75 % de la production primaire d'énergie et 2/3 de celle d'électricité, le charbon occupe une position stratégique au sein de l'économie chinoise. La Chine avait prévu de produire 1,450 MdT de charbon en l'an 2000.

La plupart du charbon chinois est brûlé, sans aucun système de contrôle des émissions, par des petits brûleurs industriels et des chaudières domestiques. La pollution atmosphérique de Pékin est ainsi six fois plus élevée que celle de New York. Selon les études de la Banque mondiale, cinq des neuf villes les plus polluées du monde se trouveraient en Chine. Pour la Chine, les experts internationaux estiment que la stabilisation des émissions de dioxyde de carbone nécessiterait un investissement de 6 Mds US $. Même si la Chine adopte des technologies plus propres et contrôle le rythme de sa croissance économique, la consommation chinoise d'énergie devrait tripler au cours des vingt-cinq prochaines années et l'essentiel de cette augmentation proviendra de la combustion du charbon.

L'industrie en Lorraine

Tous les manuels de géographie des années 1950 présentaient une carte de la Lorraine industrielle, composée de quatre grands bassins spécialisés.

L'industrie textile

Le plus ancien de ces bassins était celui de l'industrie textile implantée essentiellement dans les vallées vosgiennes, dès le milieu du XIXe siècle.

En 1950, à la veille de la première crise, filatures et tissages participaient respectivement pour 20 et 25 % à la production nationale des filés et des tissés de coton ; ces établissements textiles occupaient plus de 30 000 salariés.

Quarante années de crises successives ont conduit à l'abandon de multiples usines ; les effectifs se sont effondrés et ne subsistent plus, en 2001, que 3 300 emploi dans le textile en Lorraine.

L'usine textile Boussac à Nomexy (Vosges), en 1952.

La sidérurgie

L'industrie sidérurgique s'est implantée sur les gisements de minerai de fer. Les mines creusées en galeries sur les versants alimentaient les hauts fourneaux installés au fond des vallées qui, progressivement, ont été totalement occupées par les autres éléments des complexes sidérurgiques (aciéries, laminoirs, usines d'agglomération, cités ouvrières, etc.).

À leur apogée, en 1960, les cinquante-cinq sièges en exploitation produisaient plus de 62 millions de tonnes de minerai de fer, soit 94 % de la production nationale. Le maximum de la production sidérurgique a été atteint, quant à lui, en 1974, avec plus de 14 millions de tonnes d'acier, soit 53 % de la production française.

Le décalage dans le temps entre ces deux maximums s'explique par la concurrence que subit la minette de Lorraine, pauvre en fer, de la part de minerais exotiques (brésilien, mauritanien, suédois) importés à moindre coût.

Cependant, cinq ans après la mise en service de l'aciérie ultra-moderne de Gandrange (1970), au débouché de la vallée de l'Orne, la crise internationale de la sidérurgie affecte brutalement et durablement la production lorraine. Avec les plans sociaux successifs, les effectifs de la sidérurgie se sont effondrés et sont passés de 88 000 employés en 1962 à environ 10 000 à la fin du XXe siècle. La Lorraine ne produit plus alors que 4 millions de tonnes d'acier, soit moins du quart de la production nationale.

En ce début de XXIe siècle, non seulement toutes les mines de fer sont fermées, mais presque tous les hauts fourneaux sont arrêtés et nombre d'usines sont déjà démantelées.

Les hauts fourneaux de l'usine sidérurgique Sollac (Usinor, groupe Arcelor) à Serémange (Lorraine), en 2003.

Le charbon lorrain

Le troisième pilier de l'industrie lorraine était le charbon. Le gisement de houille commence à produire en 1856, mais ce n'est qu'après la Première Guerre mondiale et, surtout, après la Seconde que la production devient importante : 7 millions de tonnes en 1938 et plus de 15 millions à son apogée, entre 1964 et 1967 (28 % de la production nationale).

La proximité de la sidérurgie aurait pu contribuer à un épanouissement plus rapide des charbonnages mosellans ; en réalité, le charbon lorrain a longtemps été considéré comme inapte à la cokéfaction. Après 1952, de nouveaux procédés le rendront utilisable et la sidérurgie deviendra alors un des tout premiers clients des houillères du bassin de Lorraine.

Au début du XXIe siècle, le charbon lorrain alimentait encore, sur place, à Carling, une usine carbochimique et une centrale thermique, même si les trois quarts de la production régionale d'électricité étaient fournis par la centrale nucléaire de Cattenom, sur la Moselle. À partir de la fin des années 1960, le « Pays noir » a connu un déclin parallèle à celui de la sidérurgie, momentanément suspendu par la crise pétrolière. Les deux derniers puits (Merlebach et La Houve) ont fourni moins de 2 millions de tonnes en 2001 et n'occupaient plus alors que 5 600 salariés, alors que ceux-ci étaient presque 48 000 en 1957. L'extraction a été définitivement arrêtée en avril 2004.

L'industrie chimique

L'industrie chimique reposait sur le sel exploité pendant longtemps dans la vallée de la Seille et ensuite dans celle de la Meurthe, et sur le charbon abandonné par la suite au profit du pétrole. La chimie du sel était concentrée autour de Dombasles (54) ; celle du pétrole était regroupée autour de la raffinerie de Carling (57). Toutes deux n'élaboraient que des produits de base. Au total, elles employaient 8 000 salariés en 1992.

L'industrie chimique en Lorraine : ici, l'usine de matières plastiques CDF Chimie, du groupe Péchiney.

Désindustrialisation en Belgique

De profondes mutations

Depuis 1960 et comme partout ailleurs en Europe, l'industrie a beaucoup changé : son poids dans les activités économiques s'est restreint (45 % des emplois du pays pour le secteur secondaire en 1960, contre autour de 28 % en 1994) et, parallèlement, les structures et les répartitions spatiales se sont transformées. Les industries lourdes (sidérurgie notamment) et celles des produits semi-finis (constructions mécaniques et métalliques) ainsi que le textile ont perdu de leur importance alors que se développaient des industries plus légères.

Les causes de ces récessions sont multiples, mais toutes s'inscrivent dans le cadre des mutations technologiques récentes et d'une concurrence internationale accrue.

C'est ainsi que, en plus de la fermeture de tous les charbonnages, de nombreuses usines textiles et de confection n'ont pu résister à la concurrence de nouveaux produits synthétiques, ni à celle livrée par les pays à bas salaires.

Par ailleurs, la crise mondiale n'a pas épargné la sidérurgie belge et, plus particulièrement, les sociétés wallonnes aux outils plus anciens (fermeture du site d'Athus en 1977 et forte rationalisation des bassins de Liège et de Charleroi).

La Wallonie plus touchée

La désindustrialisation a touché davantage les vieilles régions wallonnes que les nouveaux espaces industriels flamands, d'où une modification du poids économique des régions :

- la Wallonie a fortement régressé (sa part dans les emplois industriels est passée de 40 % en 1947 à 23 % aujourd'hui) alors qu'une situation inverse se développait en Flandre (47 % des emplois en 1947 et 69 % aujourd'hui) ;

- Bruxelles, longtemps première agglomération industrielle du pays, s'est aussi gravement désindustrialisée en même temps qu'elle affirmait son rôle de capitale nationale et européenne.

La construction navale

L'industrie mondiale de la construction navale est en crise, les prix sont en train de s'effondrer alors que, selon toute vraisemblance, la demande devrait rester faible pendant quelques années. Telle est, en substance, la principale conclusion qui se dégage de la réunion tenue à Paris en septembre 2005 par le Groupe de travail du Conseil de l'OCDE sur la construction navale.

Les excédents de capacité dont souffre ce secteur devraient s'aggraver au cours des années à venir, sous les effets conjugués d'une hausse de la productivité, de la mise en service de nouvelles capacités et de la transformation de chantiers militaires en chantiers commerciaux. Dans le même temps, le rôle grandissant que jouent dans ce secteur de nouveaux venus sur la scène mondiale comme la Chine, vient aggraver le déséquilibre du marché.

La Ciotat et La Seyne

La construction navale s'est développée en France au cours du XIXe siècle et a connu une croissance irrégulière mais continue jusque dans les années 1970.

La croissance soutenue de la production s'est accompagnée d'une hausse des effectifs des chantiers. Au sommet de cette expansion, en 1976, les chantiers de La Seyne comptaient 5 700 salariés, ceux de La Ciotat 6 000. Pourtant, les chantiers de Port-de-Bouc font faillite dès 1966. Les chocs pétroliers de 1973 et 1979 ont aggravé la crise du secteur de la construction-réparation navale.

Des ouvriers au travail sur un chantier naval de La Ciotat (Bouches-du-Rhône).

Face à cette crise et à la dégradation inexorable des effectifs, l'État a décidé en décembre 1982 la fusion des chantiers navals de Dunkerque, La Seyne et La Ciotat, donnant naissance aux Chantiers du Nord et de la Méditerranée (NORMED). Mais cette fusion, trop tardive et jamais réelle, n'a pas apporté les gains de productivité attendus. Aussi, le 30 juin 1986, la NORMED a déposé son bilan après le refus des pouvoirs publics de toute nouvelle subvention. Ce fut la fin d'une époque et les communes de La Ciotat et de La Seyne se sont retrouvées alors dans une situation économique désastreuse.

Nantes et sa navale

Dans un rapport sur la Navale, on pouvait lire le constat suivant : « *En 1976, les effectifs de La Navale atteignaient 2 600 personnes. Mais c'est en 1977 que les Nantais se sont aperçu que l'ère des Trente Glorieuses était révolue.*

Un souci hante alors les ouvriers des chantiers, qui se préparent au lancement d'un sous-marin et ont encore deux navires sur cale : l'avenir du chantier et celui de l'emploi.

En effet, le carnet de commandes et la situation sociale ne sont pas brillants : une vague de licenciements est prévue afin de ramener le nombre des salariés à 2 000.

D'après les syndicats, le processus de dépérissement du chantier naval nantais est enclenché, mais la direction répond que ces licenciements sont nécessaires pour rééquilibrer les charges du chantier et assurer sa survie.

En septembre et octobre 1985, Nantes est encore le théâtre de violents affrontements entre ouvriers et C.R.S. La Navale se mobilise dans les rues de Nantes, proclamant que "Dubigeon* survivra" *et que* "la Navale ne coulera pas"...

Le 14 novembre, le plan de suppression d'emplois est lancé officiellement. Puis les événements s'enchaînent : le 2 octobre 1986 a lieu le dernier lancement, celui du Bougainville, et enfin, le 3 juillet 1987, intervient la fermeture du site. Nantes porte alors le deuil de "sa Navale"... »

* Le chantier naval Dubigeon fut implanté à Nantes dans la première moitié du XIXe siècle.

Le marché mondial

Le marché mondial de la construction navale, très largement surcapacitaire jusqu'à présent, est devenu en 2003, pour la première fois depuis la première crise pétrolière il y plus de trente ans, un marché « vendeur » à l'avantage des chantiers.

Le volume des commandes mondiales passées en 2003 et au cours du premier semestre 2004 a pratiquement doublé par rapport à celui des années précédentes, et le carnet de commandes mondial a atteint au milieu de 2004 un niveau record.

Cette explosion du volume des commandes est due principalement à l'éveil économique de la Chine, qui a généré de nouveaux besoins de transport maritime suite à l'augmentation très importante des exportations de produits finis et des importations de matières premières de et vers ce pays. La demande a donc principalement porté sur les porte-conteneurs, les transporteurs de produits pétroliers et chimiques ainsi que les transporteurs de vrac.

Hambourg (Allemagne) : le porte-conteneurs *Hamburg Express* avec sa cargaison, l'un des plus grands et des plus rapides navires marchands au monde.

Les chantiers asiatiques, spécialisés dans la construction de ces navires, ont été les principaux bénéficiaires de cette forte augmentation des commandes.

Les chantiers européens, présents essentiellement sur les navires spécialisés, ont vu leur part continuer à baisser : elle est tombée à 6,5 % en 2003, après avoir été de 7,1 % en 2002, de 13 % en 2001, de 17,2 % en 2000 et de 23,4 % en 1995.

Conclusion

Les avis sont partagés en ce qui concerne le niveau de désindustrialisation de l'Europe et, en particulier, de la France. L'externalisation a vu un certain nombre d'emplois quitter le secteur industriel pour rejoindre celui des services.

Voici l'avis de Philippe Laval, chargé de mission auprès du ministre délégué à l'industrie :

« Les difficultés que rencontre l'industrie peuvent être considérées sous trois facettes : désindustrialisation, délocalisation, attractivité/compétitivité.

Selon les années, c'est l'un ou l'autre de ces aspects qui est plus particulièrement mis en lumière, mais les problèmes sur le terrain sont les mêmes.

On est obligé de noter, en premier lieu, que le terme de "désindustrialisation" peut être considéré comme excessif, la France restant un grand pays industriel, parmi les premiers dans le monde.

Si la place de l'industrie a reculé en "valeur", elle a légèrement augmenté en "volume" entre 1999 et 2003, d'environ 2 % par an.

Cette différence est liée au fait que les gains de productivité ont été, sur la période, plus élevés dans l'industrie que dans les services, ce qui est aussi le cas dans tous les pays industrialisés.

Si l'on considère les effectifs du secteur industriel, ils ont été réduits de 400 000 emplois entre 1990 et 2002 sur un total de 4 à 5 millions d'emplois. Mais cette baisse est, en valeur relative, plus prononcée encore dans tous les pays d'Europe, à l'exception de l'Irlande et de l'Espagne.

Elle est, par ailleurs, à relativiser sérieusement en raison du phénomène d'"externalisation" d'un certain nombre de fonctions assurées antérieurement par les entreprises industrielles. En évoquant le secteur industriel, on ne raisonne pas à périmètre égal, des postes de travail auparavant comptés dans le secteur secondaire, appartiennent aujourd'hui au tertiaire. C'est pourquoi il y aurait, en fait, un léger accroissement de l'ensemble industries + services rattachés. »

RESTRUCTURATION

La mondialisation, qui voit de nouveaux sites industriels entrer en concurrence avec les vieux sites traditionnels, oblige les entreprises à rechercher divers moyens de défense en procédant à des transformations auxquelles on donne le nom de *restructurations.*

Celles-ci ont des causes et des formes diverses. Elles se justifient en général par la nécessité de baisser les coûts de production afin de ne pas perdre de parts de marché.

Mais ce peut être aussi le résultat d'une demande des actionnaires réclamant de meilleurs dividendes.

La restructuration peut se faire de diverses façons :

- la fermeture totale ou partielle d'usines permet de résorber des pertes quand les parts de marché se réduisent inexorablement ;
- le produit fabriqué peut être modifié ou complètement transformé car ne répondant plus à la demande des clients. Il peut en être ainsi d'un modèle d'automobile ;
- l'abaissement des coûts de production peut être obtenu par une amélioration de la productivité qui permet de produire autant avec moins de personnel ;
- la délocalisation partielle ou totale de la production permet de profiter des sites où la main-d'œuvre est moins coûteuse, ou bien de se rapprocher d'une nouvelle clientèle. Nous verrons que cette délocalisation peut prendre des formes diverses.

Quelle qu'en soit la forme, la restructuration entraîne des pertes d'emplois et, pour les salariés licenciés, des reconversions très aléatoires en fonction de l'âge et de la région habitée.

Des exemples

Renault Vilvoorde

Annoncée le 27 février 1996, la fermeture de l'usine Renault de Vilvoorde, qui employait 3 100 personnes, a soulevé une vive émotion en France comme en Belgique. Les autorités politiques belges, françaises et communautaires se sont tour à tour emparées de l'affaire, qui a provoqué une immense vague de protestation syndicale dans toute l'Europe.

Néanmoins, Louis Schweitzer, PDG du constructeur français, a maintenu le cap et réaffirmé l'urgence de la restructuration du groupe. L'exercice 1996 s'est soldé par des pertes records d'environ 6 milliards d'euros. Renault est donc entré dans une importante phase de mutation, qui s'est traduite en France par un vaste plan social, avec la suppression de 2 764 postes, dont 632 licenciements secs.

Malgré une mobilisation syndicale exemplaire, la première à l'échelle de l'Europe, le cas de Renault montre que les comités européens ne pèsent que d'un faible poids lorsqu'il s'agit d'infléchir des décisions stratégiques prises par les directions des maisons mères des grands groupes transnationaux.

Sony

Suite à des prévisions faisant état d'une perte possible de 70 millions d'euros, les dirigeants de Sony et certains de leurs sous-traitants ont annoncé une restructuration prévoyant, en 2006, la fermeture de 11 usines sur 65 touchant près de 10 000 salariés sur trois ans, dont 4 000 pour le Japon.

Un immeuble de la société Sony au Japon.

Les ouvrières sacrifiées de Levis Strauss

Le 12 mars 1999, la dernière usine française de confection de jeans, située à la Bassée près de Lens, de l'entreprise transnationale Levis Strauss a fermé. Cette fermeture a entraîné 541 licenciements dont 86 % concernant des femmes. Dans ce schéma, les réponses gouvernementales ont montré leurs limites. Elles n'ont en rien réglé le sort des salariés, souvent exclus de toute reconversion.

Atelier de confection des jeans Levis Strauss à Bassée (1994).

Si Levi's a échappé à ses responsabilités, elle a aussi appliqué sa stratégie en toute opacité.

Dans un communiqué du 29 septembre 1998, l'entreprise a parlé de « surcapacités ». En réalité, elle a changé radicalement de stratégie pour suivre celle de ses principaux concurrents : concentration sur le marketing et abandon de la production en propre ; utilisation de la main-d'œuvre bon marché des pays en voie de développement par la sous-traitance délocalisée. Mais Levis Strauss tient à son image. En novembre 1997, M. Hass n'avait-il pas reçu de l'Organisation des Nations Unies (ONU) un prix pour l'amélioration des conditions de travail de ses employés ?

Donc, la firme a démenti. *« Notre décision est de fermer une usine, pas de délocaliser. Nous avons une seule implantation, en Turquie, créée en 1998, et nous n'avons plus rien ouvert depuis »*, déclare M. Carl Von Buskirk, président de Levis Europe, Proche-Orient et Afrique.

Huit mois plus tard, la multinationale se contredit dans un communiqué repris par la presse turque : *« Les restructurations de Levis Strauss*

États-Unis ont profité à la Turquie. La Turquie a pris une part importante des investissements que Levis a fait glisser chez les producteurs extérieurs.

Le projet de l'usine Denimko a été réalisé en avril 1997, l'objectif est une production de 3,7 millions de pièces en l'an 2000. Les pantalons produits sont envoyés en France, en Angleterre, en Allemagne, en Espagne, en Belgique, en Hollande et au Luxembourg. »

Le sort des ouvrières françaises ne doit donc rien au hasard : elles ont été les sacrifiées de la réorganisation mondiale du travail. Si Levis Strauss s'est comporté ainsi, c'est aussi que le rapport ne l'a guère gêné.

Philips

Les restructurations n'épargnent pas les productions nouvelles nées du développement de la communication. Il en est ainsi de la multinationale Philips qui doit faire face à une concurrence sauvage dans le domaine de la téléphonie mobile.

Philips France : une centaine d'emplois supprimés

Philips France, filiale du géant électronique néerlandais Philips, envisage de supprimer 111 emplois dans sa branche téléphonie mobile. Les sites les plus touchés seraient **Le Mans** (Sarthe) et **Suresnes** (Haut-de-Seine). Le siège social de Philips Mobile Phones, qui est basé à Suresnes, serait transféré à Hong Kong.

Ce plan vise la suppression de 42 emplois dans l'unité de recherche et développement du Mans et 69 autres dans l'activité commerciale, marketing et logistique de la branche téléphonie mobile à Suresnes.

Concernant le reclassement, la direction a précisé que « *Philips France privilégierait les mutations internes et que (...) certaines positions pourraient être ouvertes à Hong Kong* ».

Ce choix est dicté par une volonté de se rapprocher des fournisseurs (les téléphones sont produits en Chine).

Article paru dans *Nice Matin*, le 14 septembre 2005.

Licenciements boursiers

Une forme de restructuration ayant pour but la recherche du profit et émanant de la volonté des actionnaires est le « licenciement boursier ».

« Mais plus choquant encore, certaines entreprises (Danone, France Télécom et bien d'autres) arrivent à la fois à annoncer une hausse de leurs bénéfices et une réduction de leurs effectifs. Ceci dans le seul objectif de satisfaire les actionnaires qui demandent des taux de rentabilité toujours plus importants. C'est ce qu'on a appelé les "licenciements boursiers", c'est-à-dire des licenciements effectués non pas pour tenter de redresser une entreprise en difficulté, mais pour accroître des profits déjà élevés et ainsi susciter une hausse du cours des actions.

En effet de nombreuses études ont montré qu'il existait un lien entre cours des bourses, évolution des effectifs et rentabilité.

Ainsi au moment où Danone a annoncé la fermeture de plusieurs sites et la suppression de 2 000 emplois, le cours de l'action a augmenté de 10 %. On peut encore citer l'exemple de France Télécom qui a vu le cours de ses actions bondir de 22 % après que son nouveau président ait révélé son plan de redressement qui prévoyait notamment une diminution de la masse salariale. Et les exemples montrant qu'une compression des effectifs a des effets positifs sur le cours des bourses ne manquent pas.

Le poids des actionnaires est devenu tellement important qu'ils n'hésitent pas à user de tout leur pouvoir pour inciter les dirigeants à prendre les mesures nécessaires pour faire remonter le cours des Bourses. Ce qui se traduit alors par des réductions d'effectifs et l'élimination des activités les moins rentables, permettant ainsi de réduire la part des salaires dans la valeur ajoutée de l'entreprise, donc d'augmenter la part des profits.

Il semble alors logique que ce type de mesure, annonciatrice de dividendes plus importants, soit positivement sanctionné par la Bourse.

Il faut pourtant nuancer ce phénomène car ce lien n'est pas systématique. On montre en effet que les réductions d'effectifs n'ont un effet positif sur la rentabilité que lorsqu'elles s'accompagnent de réduction d'actifs, c'est-à-dire de suppressions d'activités. »

Total accusé de procéder à des « licenciements boursiers »

« La restructuration du pôle chimie de Total inquiète dans les Alpes-de-Haute-Provence. Un peu plus de trois mois après la création de la nouvelle entité regroupant, sous le nom d'Arkema, un tiers du pôle chimie de Total, la restructuration de cette branche suscite une véritable levée de boucliers. En cause, l'avenir du site de Saint-Auban dans les Alpes-de-Haute-Provence où 725 emplois directs et 3 000 emplois indirects sont menacés à terme, soit 80 % des effectifs industriels et 10 % des salariés du département.

Alors que les salariés du site, mais aussi des habitants et des élus de tous bords ont manifesté hier matin à Saint-Auban, une délégation de parlementaires conduite par Jean-Louis Bianco, président (PS) du conseil général, a été reçue dans l'après-midi par Thierry Desmarest, président de Total, et Thierry Le Hénaff, PDG d'Arkema. Toutefois, l'entrevue n'a pas apporté d'éléments nouveaux, la direction de Total réservant la présentation de son plan de restructuration au comité d'entreprise d'Arkema, dans un mois.

"Il y a une union sacrée de tous les élus et des organisations syndicales sur ce dossier et nous sommes déterminés à tout faire pour porter cette affaire sur le plan politique", *a expliqué Jean-Louis Bianco.*

Alors que, selon lui, Total devrait enregistrer en 2004 "un bénéfice net de 9 à 10 milliards d'euros", *il a fustigé la* "logique folle du capitalisme financier" *à l'œuvre au sein du groupe pétrolier et le recours aux* "licenciements boursiers". *Un discours qui rappelle les critiques émises contre Danone lors de la restructuration de sa branche biscuits (LU) en France en 2001.*

Après l'annonce, le 19 février 2003 par Thierry Desmarest, de son intention de se désengager d'une partie du pôle chimie hérité de la fusion avec Elf, Arkema a été constitué par le regroupement des activités de chimie industrielle, de produits de performance et de vinyles, cette nouvelle entité ayant vocation à être introduite en Bourse à l'horizon 2006. Une manière pour Total de se désengager d'un secteur moins rentable pour se rapprocher du profil des grands pétroliers.

Le nouveau logo de la firme Total.

Il reste que, sur le terrain, la restructuration d'Arkema, qui emploie 19 300 salariés dans 40 pays pour un chiffre d'affaires de 5 milliards d'euros, fait planer une menace sur six sites en France (Saint-Auban, Fos, Lavera, Pierre-Bénite, Jarrie et Saint-Fons). Pour Saint-Auban, Thierry Desmarest a promis hier de "garder une activité pérenne et substantielle" *sur le site. Sans rassurer les élus locaux qui se retrouveront samedi pour tenter de préserver le* "poumon économique" *de la région. »*

Marc Lomazzi, *La Tribune*, 18.01.2005.

DÉLOCALISATIONS

Depuis quelques années, la délocalisation est devenue une pratique courante. Pourtant elle n'est pas seulement la solution inéluctable qui s'offre au chef d'entreprise connaissant des difficultés face à la concurrence mondiale. Elle est aussi l'aboutissement logique de la politique capitaliste dont le seul objectif est l'amélioration du profit.

Remplacer une main-d'œuvre chère et exigeante par une main-d'œuvre docile et bon marché a sans doute été le premier ressort de la délocalisation.

Mais cette pratique touche également des entreprises apparemment en bonne santé dont la rémunération du capital est jugée insuffisante par les actionnaires ou qui craignent de voir la concurrence les supplanter sur le marché.

L'opération consiste à réduire le personnel dans les secteurs où le travail peut être exporté.

Dans le coût du personnel, il y a les charges sociales et les indemnités de licenciement. C'est pourquoi l'État est souvent rendu responsable des délocalisations. On accuse les gouvernements démocratiques que la recherche de voix oblige à instaurer des lois de défense sociale (pour *« défendre le modèle social français »* par exemple), lois qui imposent les profits au détriment des actionnaires.

Puisque c'est un aboutissement, pourquoi ne s'est-il pas fait plus tôt et pourquoi les conditions semblent-elles remplies aujourd'hui ?

Des conditions favorables

Les délocalisations sont un des aspects de la mondialisation de l'économie qui a accéléré le développement des échanges internationaux et notamment des biens manufacturés.

La facilité croissante des communications, l'abaissement des coûts de transport, la disparition des barrières tarifaires, la forte concurrence sur les marchés de consommation ont poussé les industriels à améliorer leur compétitivité en tirant profit des conditions de productions avantageuses des pays à bas salaires. Ils ont « délocalisé », soit en s'approvisionnant hors du marché national, soit en déplaçant une partie ou la totalité de leur processus de production dans des pays étrangers.

La délocalisation est donc un phénomène en progression qui nourrit la mondialisation de l'économie. Bien que les opinions soient contrastées, on peut dire que les délocalisations se trouvent aujourd'hui au cœur des problématiques de l'emploi, tout au moins en ce qui concerne l'opinion publique.

Fabrique de vêtements au Viêtnam : un salaire de 0,75 euro pour une chemise vendue à 38 euros dans une boutique occidentale.

Pourquoi délocaliser ?

Par essence, les entreprises sont évidemment à la recherche du profit maximum. Elles recherchent donc un coût salarial minimum. Mais le coût salarial ne constitue pas l'unique facteur de délocalisation. Il faut y ajouter les conditions locales et nationales, en particulier les lois sociales et la fiscalité.

Par ailleurs, une autre raison de délocaliser est la volonté d'être présent sur les marchés étrangers.

Ainsi, lorsque tel fabricant américain d'automobiles s'implante en Europe, il y a bien délocalisation, puisqu'une production sur place se substitue à l'exportation de véhicules construits sur le territoire américain.

Au contraire, lorsqu'une grande marque d'habillement française décide de sous-traiter la totalité de sa production de chemises à un fabricant philippin, elle réimporte ces produits sur le marché national.

La constitution de grands ensembles économiques (Union européenne, ALENA*...) suscite un redéploiement industriel à l'intérieur de ces entités, avec une spécialisation des unités de production.

* ALENA est un accord définissant une zone de libre-échange de 360 millions d'habitants formée par les États-Unis, le Canada et le Mexique.

Il faut également tenir compte des organismes internationaux de réglementation du commerce (OMC, Commission de Bruxelles) dont les directives s'ajoutent aux contraintes locales subies par les entreprises. Il en est de même des obligations environnementales qui peuvent inciter les industriels à délocaliser là où les autorités sont moins strictes.

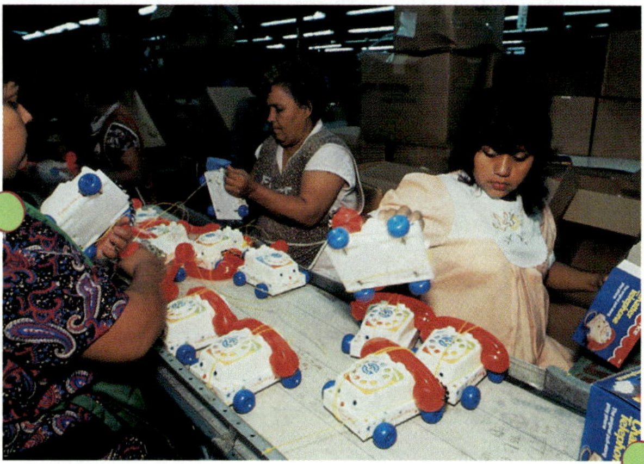

Un exemple de délocalisation : montage des jouets Fisher Price au Mexique.

Le coût du travail

Le coût du travail constitue sûrement le facteur le plus déterminant au développement des délocalisations. En effet, le coût de production englobe les salaires. En les diminuant, on provoque une baisse de ce coût. Et c'est celle-ci qui permet à l'entreprise de baisser ses prix. Elle devient donc concurrentielle et peut aussi utiliser le bénéfice effectué pour de la publicité, de la promotion, qui sont également cruciales pour se faire connaître par rapport à la concurrence.

Comme on peut le voir sur ce graphique, le coût du travail n'est pas égal dans l'Union européenne. L'un des objectifs de l'Union, difficile à réaliser, est de gommer ces différences en tentant d'harmoniser le montant des salaires, les charges sociales et la fiscalité.

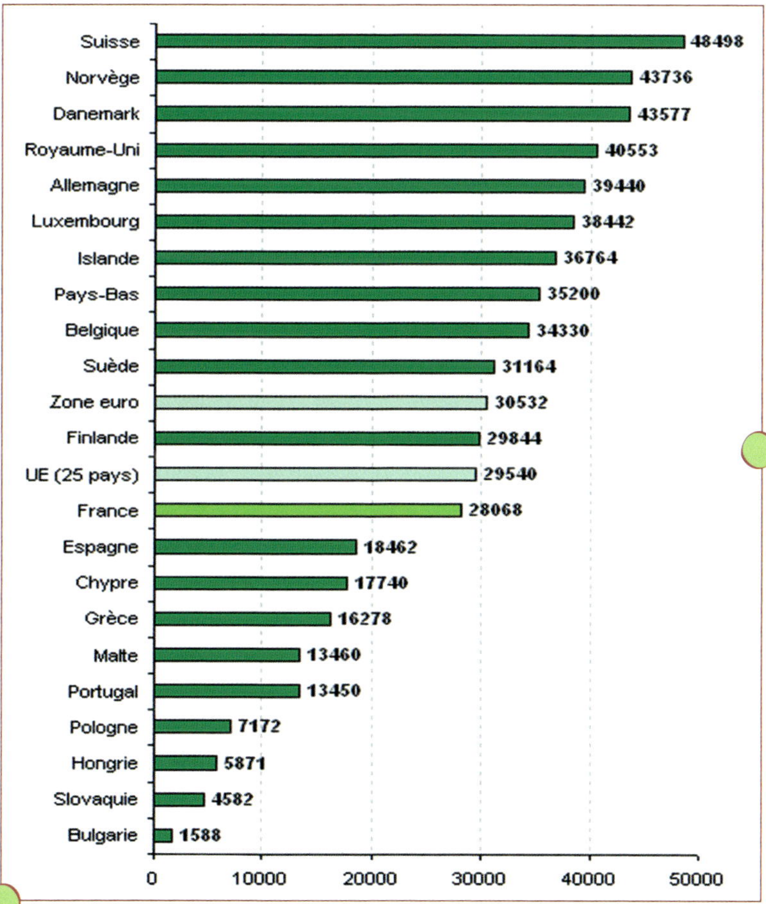

Comparaison du salaire annuel brut moyen (en euro) en Europe.

Source : Eurostat, 2003.

Dans le monde, ces disparités sont encore plus grandes. Si un travailleur en Hongrie coûte cinq fois moins cher qu'un travailleur en France, un travailleur malgache coûte pratiquement quarante-six fois moins cher.

De tels écarts de coût de main-d'œuvre permettent évidemment aux entreprises qui délocalisent leur production d'avoir des gains de productivité énormes et donc une compétitivité accrue sur les prix.

En comparaison, en Asie, un salaire moyen avoisine les 16 € par semaine pour cinquante heures (soit 0,32 € de l'heure), alors que le SMIC en France est d'environ 281 € pour trente-cinq heures (soit 8,02 € de l'heure). Le rapport est pratiquement de 1 à 8. Mais le coût du travail ne concerne pas seulement les salaires. Il faut y ajouter les charges sociales, pratiquement inexistantes dans certains pays, et la fiscalité plus ou moins avantageuse.

La main-d'œuvre

Dans les pays à faible taux horaire, la main-d'œuvre est en général non qualifiée. Pour y faire face, les entreprises ont recours aux vieilles méthodes du taylorisme qui consistent en la création de postes spécialisés, occupés par des ouvriers spécialisés, répétant une tâche précise.

Les ouvriers sont spécialisés dans certaines productions (l'horlogerie à Hong Kong ou encore les logiciels informatiques en Inde). Ainsi, l'apprentissage est rapide.

Au Japon, près d'Osaka, des femmes travaillent sur une chaîne de production de postes de télévision.

D'autres incitations

Les mesures d'incitation

Certains pays pratiquent des politiques incitatives pour attirer les productions étrangères. Il s'agit généralement de tarifications douanières privilégiées (en Thaïlande, on ne paie pas de droits de douane sur les importations si les marchandises sont exportées après transformation), de dispositions juridiques facilitant les transferts financiers (au Maroc, par exemple) ou encore de fiscalités attractives (on ne paie pas d'impôt sur les bénéfices à Taiwan).

La baisse du coût des transports

Les coûts de transport et de communication ont fortement baissé depuis la décennie 1980.

- Coût du fret maritime : baisse de 40 % entre 1985 et 1992 ;
- coût du fret aérien : baisse de 30 % entre 1985 et 1993 ;
- le prix de la communication France-Japon a été divisé par deux en huit ans.

Quoi qu'il en soit, là où la main-d'œuvre est très bon marché, le coût du transport est largement comblé par les faibles prix de revient des produits eux-mêmes.

L'avion-cargo : un autre mode de transport pour les conteneurs.

Les formes de délocalisation

Délocaliser, c'est séparer les lieux (les pays) de fabrication ou de transformation des marchandises de leurs lieux (ou pays) de consommation ; c'est déplacer l'activité productrice des entreprises vers des pays étrangers. La production délocalisée s'effectuant en dehors du territoire national, elle offre ses emplois aux résidents des pays d'accueil.

C'est pourquoi les délocalisations sont avancées pour expliquer, en partie, la montée du chômage dans la majorité des pays développés. Pour l'entrepreneur, la délocalisation répond à une contrainte de gestion : produire là où c'est le moins cher ou vendre là où il y a du pouvoir d'achat.

François Benaroya, attaché à la direction des relations économiques extérieures, distingue trois types de délocalisations :

- la délocalisation d'accompagnement dans laquelle le sous-traitant suit son donneur d'ordre ;
- la délocalisation offensive qui a pour but d'améliorer la compétitivité et/ou le profit ;
- la délocalisation défensive qui consiste à assurer la survie de l'entreprise face à une concurrence conquérante de parts de marché.

Il existe une autre forme de délocalisation qui concerne principalement les grands groupes mondiaux : la délocalisation fiscale, consistant à délocaliser une masse fiscale par la délocalisation des sièges sociaux dans des paradis fiscaux.

Hewlett-Packard crée 500 nouveaux emplois au Costa Rica

Le groupe informatique américain Hewlett-Packard (HP) a annoncé la création de 500 nouveaux emplois au Costa Rica, où il emploie déjà 500 personnes, dans le cadre de l'expansion de ses services d'assistance téléphonique à ses clients. HP a annoncé le 12 septembre la suppression de 5 969 emplois en Europe, dont 1 240 en France.

Article paru dans Nice Matin, le 2 octobre 2005.

Enfin on citera ce qu'on a pu appeler la « délocalisation inverse » pour laquelle on importe du personnel aux conditions d'un pays étranger où salaires et charges sociales sont plus faibles. C'est ce qui a fait l'objet de la directive Bolkestein, vivement combattue au sein de la Commission européenne.

Délocalisation d'accompagnement

Ce type de délocalisation concerne le sous-traitant. C'est le cas de Valéo, équipementier français, qui produisait en Espagne, depuis 1999, des faisceaux électriques pour la Seat de Volkswagen.

Cette dernière décide, fin 2002, de transférer une partie de sa production en Slovaquie où les coûts salariaux sont moins élevés.

De ce fait, Valéo se trouve dans l'obligation d'arrêter sa production devenue trop coûteuse sur le site espagnol et de la transférer vers d'autres établissements au Maroc, en Tunisie et au Portugal.

Délocalisation offensive

La délocalisation offensive a pour but de produire à moindre coût, afin de lutter contre la concurrence qui fait perdre à l'entreprise des parts de marché.

Elle peut se faire sous deux formes selon que le site d'accueil se trouve sur le même territoire national ou à l'étranger.

Dans le premier cas, on parle d'e*xternalisation.* Externaliser est une démarche stratégique à moyen terme pour l'entreprise. Celle-ci choisit de se concentrer sur son cœur de métier, de mobiliser ses ressources sur les tâches qu'elle maîtrise et de déléguer à des spécialistes des fonctions non stratégiques comme le traitement de la paie, le nettoyage ou la restauration. Il s'agit d'obtenir, à coût égal le plus souvent, une meilleure qualité de service de la fonction externalisée, en accédant, via le prestataire, à des technologies et des compétences hors de portée de la plupart des entreprises.

Lorsqu'une PME confie son accueil, son informatique, sa logistique ou sa paie à un prestataire spécialisé, elle bénéficie du savoir-faire que celui-ci a acquis auprès d'une multitude de clients. Les équipes sont souvent plus compétentes et mieux formées.

D'un point de vue strictement économique, l'externalisation est un moyen pour l'entreprise de réduire ses effectifs en se séparant de l'ensemble d'un service et du personnel qui y travaille. Enfin, externaliser permet souvent d'améliorer son bilan par une réduction des immobilisations et des investissements, remplacés par des coûts variables.

Si cette pratique se contente d'externaliser dans le cadre national, elle pénalise les employés de l'entreprise mais n'a que peu d'effets sur la situation de l'emploi dans le pays. Tout au plus on constate qu'un certain nombre d'emplois comptabilisés comme industriels viennent grossir la catégorie des services.

Exemple d'externalisation

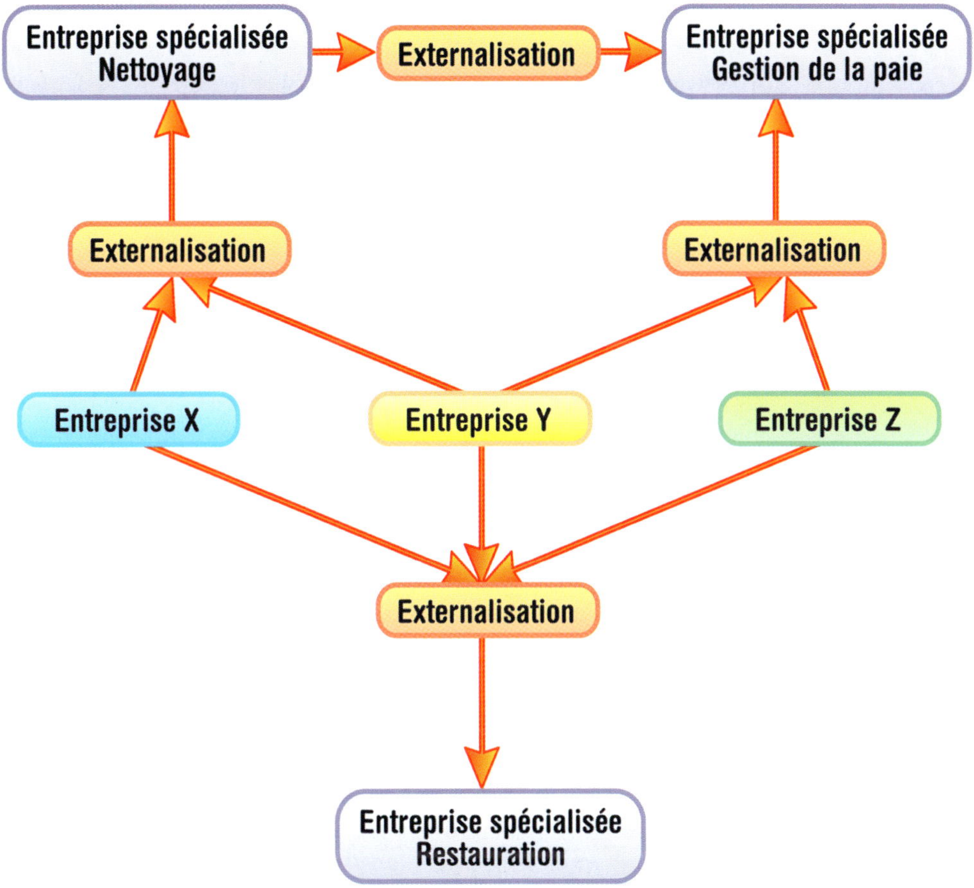

Quand la délocalisation se fait à l'étranger, on parle plus couramment d'*offshore* (littéralement *« au-delà des côtes »*, étendu à *« au-delà des frontières »*).

L'origine du mot vient des États-Unis : le programme *offshore* est un système mis en vigueur par le gouvernement de ce pays après la Seconde Guerre mondiale pour équiper les divisions américaines stationnées à l'étranger ; les commandes d'équipement étaient passées aux industries du pays où les troupes américaines stationnaient, et payées en dollars.

On cite comme exemple le fabricant britannique d'aspirateurs sans sac Dyson. Cette entreprise, créée en 1990, a pris en 2001 la décision de sous-traiter la fabrication de sa gamme d'aspirateurs en Malaisie, en licenciant 500 ouvriers.

Après avoir produit 9 millions d'aspirateurs au Royaume-Uni, Dyson n'a plus, aujourd'hui, d'outils de production dans ce pays. Le fondateur de l'entreprise justifie son choix en indiquant que la sous-traitance internationale lui a permis de conserver son centre de R & D (Recherche et développement) en Grande-Bretagne et de poursuivre la croissance du groupe sur de nouveaux marchés. Ainsi, au siège social de Malmesbury qui comprend 1 200 employés, 350 personnes travaillent désormais dans le centre de R & D.

Les entreprises américaines ont confié 60 % de leurs développements à des prestataires étrangers en 2001. En France, seulement 5 % des entreprises pratiquent ce type de délégation. Et pourtant, l'*offshore* - développement d'applications logicielles au forfait à l'étranger - possède de sérieux atouts à la fois en terme de qualité et d'économies potentielles.

« À l'heure du dîner, il arrive souvent que les Britanniques reçoivent un appel téléphonique leur proposant tel ou tel service commercial. Seul le léger accent du démarcheur trahit, parfois, l'origine lointaine de cet appel : dans 90 % des cas, il s'agit de l'Inde. Depuis quelques années, un nombre accru d'entreprises du royaume ont "externalisé" des dizaines de milliers d'emplois – 100 000, selon les syndicats –, pour l'essentiel en Asie. D'abord en Inde, notamment à New Delhi et dans la région de Bangalore, mais aussi de plus en plus au Sri Lanka, aux Philippines, en Chine et en Malaisie. »

Jean-Pierre Langellier, *Le Monde* du 10 septembre 2004.

Délocalisation défensive

La délocalisation défensive peut se produire lorsqu'une entreprise est en difficulté au point de risquer une fermeture. Dans ce cas, conserver 200 emplois sur 400 qui auraient pu être perdus est comptabilisé par certains économistes comme un gain de 200 emplois.

Mais ce peut être le cas d'une entreprise en bonne santé apparente dont les prévisions font craindre des pertes de parts de marché en raison de la montée de la concurrence. Il s'agit alors de trouver quels sont les secteurs les moins rentables et de les délocaliser dans des zones à moindre coût.

Il n'est pas toujours facile de déceler la fiabilité de ces prévisions et l'on peut craindre parfois que cela cache une volonté des actionnaires d'augmenter leurs dividendes.

On peut citer comme exemple de délocalisation défensive celle réalisée par Lafuma. *« Après un dépôt de bilan, le groupe Lafuma (articles de sport et de loisir) a délocalisé une partie de son activité de production à partir de 1986 (création d'une filiale en Tunisie), en licenciant un quart de ses effectifs. La fabrication française (320 personnes) correspond aujourd'hui à 27 % du chiffre d'affaires (mobilier camping et bottes haut de gamme), le reste étant fabriqué dans des usines Lafuma à l'étranger (Tunisie, Maroc, Hongrie à partir de 1992, Chine) ou sous-traité. Les effectifs de Lafuma en France (plus de 700 à la fin de 2003) progressent sur les dernières années.*

*Selon le président, sans délocalisation, le groupe serait "mort". »**

* Rapport F. Benaroya.

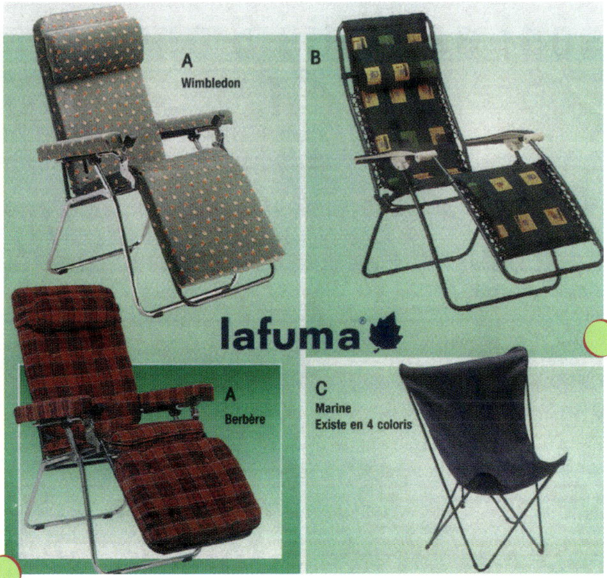

Sièges pliants de la marque Lafuma vendus par correspondance.

La délocalisation inverse

Une déviation perverse

Un rapport réalisé, à la demande du ministre du Travail, par l'Inspection générale des affaires sociales (IGAS), relate par le menu la manière dont les grandes entreprises françaises parviennent, en s'appuyant sur les règlements de l'UE, à se livrer à leur exercice favori : le dumping social, la mise en concurrence des salariés en profitant des forts différentiels économiques séparant l'Hexagone d'autres pays.

L'auteur, l'inspecteur Élisabeth Dufourcq, décrit ainsi la méthode du *« top-sourcing », « une pratique qui se faufile dans les interstices du droit et présente des risques pour le tissu industriel français »,* en particulier les sous-traitants. Elle consiste *« à passer des accords de recrutement de main-d'œuvre avec des entreprises implantées en France et filiales souvent très fragiles, sinon fictives, de firmes étrangères ».*

Le rapport évoque ici le phénomène de la « délocalisation inverse », ou « délocalisation sur place » : plutôt que de transférer une activité à l'étranger, l'employeur fait venir en France des travailleurs d'un pays à différentiel économique pour remplacer une main-d'œuvre existante.

En principe, le droit européen, si l'on se réfère à l'article 13 du règlement CE/1408/71, stipule que le travailleur étranger ainsi employé est soumis au droit du travail et au régime de Sécurité sociale du pays d'accueil. Mais l'article 14 prévoit un ensemble de dérogations, au motif *« d'éviter les complications administratives qui résulteraient de la règle générale ».* Dérogations qui rendent cette règle pratiquement inopérante. Ainsi les travailleurs importés sont soumis au régime social du pays d'où ils viennent.

La directive Bolkestein

C'était le but de la « directive Bolkestein » d'institutionnaliser cette pratique.

L'affaire avait tout pour passer inaperçue. Lors d'une brève session plénière à Bruxelles, le Parlement européen était saisi d'un rapport relatif à la mise en œuvre du marché intérieur dans les nouveaux États membres. Le groupe des Verts en a profité pour déposer un amendement à la résolution proposée au vote des députés.

Le texte de cet amendement porte sur la réalisation du marché intérieur des services. Il y est souligné que la démarche doit être basée *« sur une harmonisation vers le haut »* des législations des pays membres. On y *« déplore »* l'orientation du projet de directive Bolkestein, qui se fonde sur le principe que ce sont les règles du pays d'origine des travailleurs embauchés qui doivent être appliquées.

Enfin, il est *« demandé instamment à la Commission de proposer, le plus rapidement possible, une voie plus appropriée pour réaliser »* ce marché intérieur des services.

On a trouvé le « plombier polonais »

« Il est en Angleterre ! La Grande-Bretagne est, de loin, la terre d'élection des travailleurs de l'Est. Ce fameux plombier polonais qui a hanté la campagne référendaire en France. On l'a trouvé...

Ce sont les Allemands qui l'ont trouvé ; l'Institut économique allemand DIW a publié des chiffres assez précis sur cette redoutable invasion d'artisants "low cost" *venus de pays de l'Est. Depuis l'élargissement, en mai 2004, on compte un peu plus de 100 000 personnes qui ont émigré d'Europe de l'Est vers l'Ouest. Et pas en France !*

Ces travailleurs de l'Est sont allés en Angleterre. 50 000 précisément se sont installés en Grande-Bretagne et 10 000 en Irlande. Apparemment, la France n'est pas une destination de choix pour le plombier polonais. Il faut tout d'abord préciser que la Grande-Bretagne a officiellement ouvert ses frontières aux travailleurs de l'Est. Et puis, il y aussi tout simplement une question de langue...

Le Herald Tribune, *visiblement intrigué par cette histoire de plombier polonais, est allé enquêter en Pologne et a interrogé des plombiers, qui ont répondu que s'ils ne venaient pas en France, c'est aussi à cause de la langue tout bêtement. Seuls 3 % des Polonais parlent français, contre 16 % qui parlent allemand et 21 % anglais. Et puis, autre avantage de l'Angleterre. Il y a du travail. Le taux de chômage est au plus bas depuis les années 70, à peine 4,7 %... Dans ces conditions pourquoi s'installer en France ?*

C'est là où le Herald Tribune *fait remarquer que les Polonais sont mal renseignés, car le journal international note que la France est un curieux pays où malgré 2 millions et demi de chômeurs, il existe 250 000 emplois qui ne trouvent pas preneurs, qui restent vacants, ce sont justement les métiers de service, type serveur, plombier ou cuisinier...*

Bref, le plombier polonais serait un mythe (en France en tous les cas), mais un mythe qui a humilié le peuple polonais. Car au petit jeu de savoir qui est en train d'imposer son modèle à l'autre... Pour vérifier, les Polonais nous invitent à venir faire nos courses, une fois, à Varsovie. On ne sera pas dépaysé, puisqu'à Varsovie, pour faire ses courses, on a le choix entre Carrefour, Leclerc, Castorama, Go Sport, Leroy Merlin ou Auchan... Avec, on s'en doute, à l'intérieur de ces magasins, en vente : des yaourts Danone et du shampoing L'Oréal. »

Édito de Axel de Tarlé d'*Europe 1.*

La délocalisation des compétences

On a associé la délocalisation à la main-d'œuvre peu qualifiée et peu coûteuse fournie par les pays en voie de développement. Mais, certains pays émergents comme l'Inde ou la Tunisie ont formé des ingénieurs en informatique capables de rivaliser avec les Américains ou les Européens.

De ce fait, les ingénieurs ne sont plus à l'abri, d'autant que les salaires des concurrents sont inférieurs à ceux pratiqués dans les pays industrialisés.

Ainsi, un jeune diplômé sera payé environ 6 700 euros en Chine ou en Inde, contre 25 à 27 000 euros en France. Pour un ingénieur informaticien confirmé - qui touche quelque 36 000 euros annuels en France -, les offres se situeront alors aux alentours de 10 400 euros dans les deux géants asiatiques.

Le premier bénéficiaire de cette lame de fond est l'Inde et ses spécialistes de l'*offshore* tels qu'Infosys, Satyam et Wipro.

Depuis plusieurs années, l'Inde produit en effet bien plus d'ingénieurs hautement qualifiés en informatique que la France. Le n° 1 mondial de l'*offshore* devra cependant faire face à la concurrence de nouveaux entrants tels que le Viêtnam et l'Afrique du Nord. Nouveau venus, les Émirats Arabes Unis entrent eux aussi dans la course à la délocalisation. PDG du centre *Dubai Internet City*, le Dr Omar bin Sulaiman vient ainsi d'annoncer la création d'une zone 100 % libre de taxe, ultramoderne, entièrement dédiée à l'*offshore,* dans la ville de Dubaï.

Salaires moyens dans les principaux pays présentant des activités offshore *(en dollars)*

Pays	Informaticiens Juniors	Cadre (2 à 3 ans d'expérience)	Manager (5 à 8 ans d'expérience)
Viêtnam	3 276	5 404	8 571
Inde	5 443	8 429	13 124
Chine	5 460	8 799	13 732
Thaïlande	5 778	10 272	16 848
Philippines	6 930	11 256	17 425
Russie	11 664	18 503	29 353
Malaisie	12 455	19 915	30 580
Af. du Sud	19 764	33 360	52 920
Singapour	23 532	37 924	60 156

Près de 3 % de la sous-traitance informatique française réalisée en mode *offshore* en Inde ou dans les pays d'Europe de l'Est, c'est ce que prévoit le cabinet d'études Pierre Audoin Conseil à l'horizon 2004. Ce qui correspond à une valeur de 300 millions d'euros, soit plus de 10 000 hommes/an au tarif moyen de l'*offshore.*

Certes, on est encore loin des États-Unis où, pour certains projets, les prestations *offshore* représentent près de 50 % de la sous-traitance. Mais la France fait de plus en plus appel à ce type de prestations effectuées à l'étranger. Avec la politique actuelle de restrictions budgétaires pratiquée dans les entreprises françaises, le marché des services informatiques *offshore* va forcément croître de manière conséquente.

Proposition sur Internet

Offshore XXX est une société tunisienne dont la vocation première est de vous proposer l'externalisation du développement de tout ou partie de vos projets informatiques. Nous vous offrons des tarifs compétitifs tout en vous garantissant une haute qualité de prestation.

Notre implantation sur le territoire tunisien nous permet de vous faire bénéficier des points suivants :

- La main-d'œuvre étant relativement basse, vous aurez plus de fonctionnalités avec un budget réduit.
- Vous avez à votre disposition une équipe de développeurs hautement qualifiés maîtrisant les dernières plateformes du marché.

Usine Volkswagen au Brésil.

Les perspectives

L'*offshore* doit se développer

La part des développements délocalisés devrait tripler d'ici 2010. Ce transfert d'emplois qualifiés en dehors de l'Europe et des États-Unis inquiète les syndicats. D'autant que les économies réelles ne s'élèvent qu'à 15 % du coût total d'un projet.

Selon le Gartner Group, l'externalisation de prestations informatiques (*offshore*) représentera 53 % du marché mondial des services informatiques en 2004.

L'Europe n'est pas en reste : 30 % des principales entreprises européennes feront appel à l'*offshore* d'ici 2005.

« *L'*offshore *s'installe peu à peu comme une pratique courante* », estime Allie Young, vice-présidente du Gartner Group. Et ce n'est pas fini : le cabinet d'analyse Forrester Research vient par exemple de revoir ses prévisions de 40 % à la hausse ! Selon le Gartner, le nombre d'entreprises sous-traitant le développement de logiciels à l'étranger passera de 3 % aujourd'hui à 10 % d'ici 2010.

Pour autant, toutes les zones géographiques ne sont pas égales face au phénomène de l'*offshore*. Ainsi, premier consommateur de développements « *outsourcés* », les États-Unis pourraient transférer plus de 3 millions d'emplois d'ici 2015 ; dans des pays où le coût de la main-d'œuvre est plus faible.

En Europe, l'adoption de ce modèle se heurte à des contraintes sociales. « *L'*offshore *est perçu par les syndicats du secteur informatique comme la menace n° 1* », indique David Metcalfe, analyste chez Forrester Research, dans une récente étude.

Des freins ?

Un espoir tout de même pour les informaticiens français ? L'étude relève un certain nombre de freins qui risquent de limiter la croissance exponentielle que certains prédisent à cette forme de sous-traitance. Ainsi, la perception de l'*offshore* « *potentiellement destructeur d'emplois* » pourrait avoir un écho auprès de syndicats et par là même limiter le recours que peuvent avoir les entreprises à ce type de pratique.

La difficulté à trouver des pays compatibles avec le marché français serait également un obstacle majeur. Car si le marché américain dispose d'un vivier de compétences anglophones avec l'Inde, ce n'est pas aujourd'hui le cas de la France.

Les pays francophones qui pratiquent l'*offshore* (Maghreb, Roumanie) auraient des compétences moins développées et plus limitées. Quant à travailler avec l'Inde, seuls les grands intégrateurs (EDS, IBM Global Services...) disposeraient de méthodologies éprouvées.

Si l'*offshore* permet dans une certaine mesure de réduire les coûts informatiques (développement, tierce maintenance applicative, centre d'appels, saisie...), il est utilisé également pour industrialiser certains processus ne nécessitant pas de fréquents allers-retours entre le client et le prestataire.

La délocalisation des services : atelier informatique *offshore* en Roumanie, les programmeurs d'Algoritma, à Bucarest.

Où délocalise-t-on ?

Les délocalisations n'ont pas concerné seulement les pays européens, mais tous les grands marchés de consommation du monde, à commencer par les États-Unis. Les pays à bas salaires ont organisé leurs économies dans ce sens pour attirer importateurs et investisseurs étrangers : politiques industrielles et commerciales orientées systématiquement vers l'exportation, multiplication des zones franches défiscalisées, etc.

Les pays d'Asie ont été les premiers à saisir ces opportunités, mais il en a été de même au Mexique *(maquiladoras)* et, dans une moindre mesure, en Amérique du Sud. Certains pays méditerranéens (la Tunisie, le Maroc, la Jordanie, la Turquie) ont développé leurs offres à partir des années 70. Même l'Afrique subsaharienne a tenté, mais sans guère de succès à l'exception de l'île Maurice, d'attirer des délocalisations. Les pays d'Europe de l'Est, depuis 1989, apparaissent aujourd'hui comme de nouvelles cibles de la délocalisation.

Les pays sont classés selon un indice (IEIDE) comparant la part du pays dans les investissements mondiaux (IDE) par rapport au poids total de son PIB (produit intérieur brut), de sa population active et de ses exportations.

Les lieux favoris de délocalisation de la planète

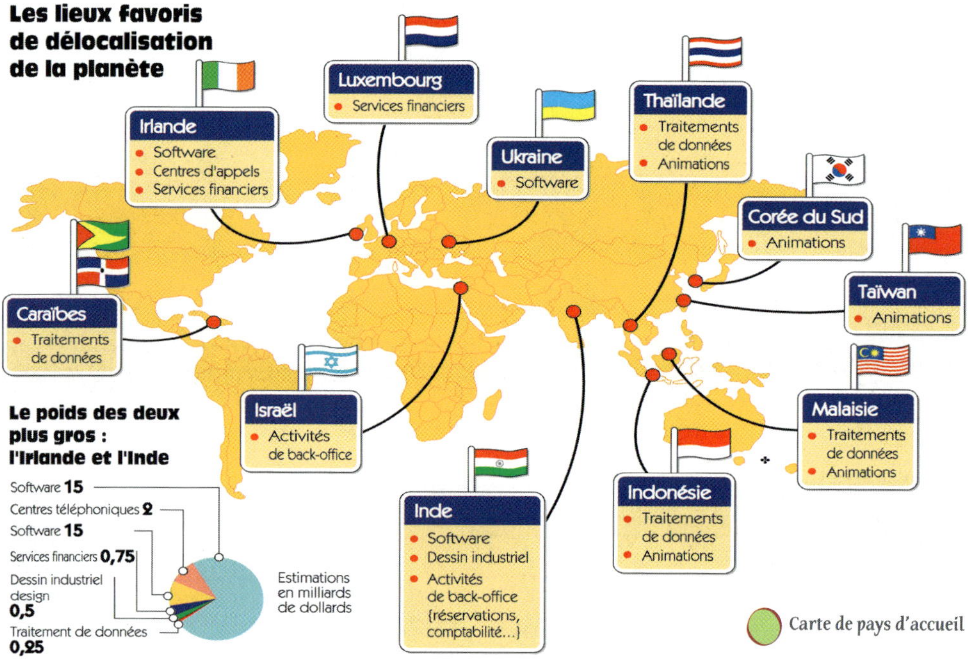

Les plus attractifs sont ceux dont l'indice est le plus faible, mais d'autres conditions entrent en jeu, en particulier les efforts faits par ces pays pour attirer les délocalisations.

La délocalisation ne se fait pas seulement pour abaisser les coûts de production, mais aussi pour conquérir un nouveau marché - comme c'est le cas en Chine qui combine ces deux aspects. L'Inde est à l'heure actuelle le pays le plus attractif en matière de délocalisation.

Indice IEIDE

Monde	1	Tunisie	0,6	Lituanie	1,1	Brésil	2
Turquie	0,1	Mexique	0,7	Bulgarie	1,2	UE 15	3,5
Russie	0,2	Roumanie	0,8	Pologne	1,3	Finlande	3,7
Maroc	0,3	Portugal	0,8	Croatie	1,4	Roy-Uni	3,8
Grèce	0,3	Chine	0,9	Autriche	1,5	Danemark	4,2
Slovénie	0,3	Malaisie	1	Espagne	1,6	Malte	5
Chypre	0,3	Hongrie	1	Estonie	1,6	Pays-Bas	6,1
Italie	0,4	Slovaquie	1	Israël	1,7	Suède	8,5
Asie	0,6	Lettonie	1,1	France	1,8	Irlande	8,9
				Rép. Tchèq.	2		

La nouvelle dimension de la délocalisation à l'heure de l'ouverture européenne... (2004)

« À l'approche de l'ouverture à l'Est de l'Union européenne, la tendance des industriels allemands à délocaliser vers ces pays qui constituent traditionnellement un hinterland *s'accroît. C'est ainsi que les patrons allemands menacent l'État allemand et les salariés de délocaliser vers les pays d'Europe centrale où le coût du travail serait en moyenne cinq fois moins élevé.*

Mais fait nouveau, ces délocalisations sont promises massives et concerneraient aussi les emplois les plus qualifiés. Même si d'autres déterminants doivent être pris en compte lors d'une délocalisation comme la productivité, la qualification, la qualité des infrastructures, il est évident que l'entrée dans l'Union européenne de ces pays à bas salaire et à niveau de qualification est une véritable aubaine pour le patronat allemand. C'est ainsi que l'entreprise Braun - de 4 000 salariés - est passée de 36 à 39 h de travail sans compensation de salaire, pour éviter la délocalisation de l'activité. La fédération de l'industrie allemande invoque le maintien de la compétitivité pour justifier les efforts de flexibilité et l'allongement de la durée de travail sans compensation salariale demandés aux travailleurs. La polémique fait aussi rage depuis que le syndicat allemand IG Metall a accusé Siemens de vouloir délocaliser notamment en Hongrie plus de 10 000 postes sur les 167 000 postes en Allemagne. Le groupe dément l'ampleur de la délocalisation mais pourrait délocaliser des activités à forte valeur ajoutée comme la conception de logiciels. Selon une étude de l'Institut Osteuropa, plus de 35 000 emplois seraient créés en Europe centrale plutôt qu'en Allemagne pour des raisons de coût car, selon Eurostat, la productivité du travail y est aussi très faible alors que le coin fiscal total est identique en pourcentage avec le coin fiscal français. »

Les Dossiers du Net, Tangi Le Roux, Jean-Marie Gourmelen.

L'Inde, un attrait pour les délocalisations

Bangalore, Inde – Selon une étude récemment publiée, l'Inde, qui est la destination préférée en terme de délocalisation du développement logiciel, attire également des projets de recherche et développement délocalisés.

L'étude, réalisée par la société irlandaise *Research and Markets*, estime que la délocalisation de R&D vers l'Inde devrait passer de 1,3 milliard de dollars en 2003 à 8 milliards de dollars en 2010.

Cette croissance est favorisée par la délocalisation des services. À l'heure actuelle, des sociétés qui ont choisi l'Inde, en raison des faibles coûts, commencent à exploiter également l'expertise technique indienne.

Environ 150 centres de R & D ont été créés en Inde. Texas Instruments Inc. a ouvert la voie en 1985, suivi par Intel, Motorola, IBM et Cisco. Récemment, Advanced Micro Devices indiquait que la conception et le développement de son nouveau processeur seraient réalisés depuis son centre indien.

« En Inde, la délocalisation de la recherche et développement existait bien avant que la "délocalisation" devienne une mode », déclarent les auteurs de l'étude. Les modèles de délocalisation pour la R & D varient, des affectations captives aux affectations à des tiers en passant par les affectations contractuelles. Les pionniers de cette tendance sont issus du secteur des technologies de l'information, poursuit-on chez *Research and Markets.*

Une gestion correcte, l'accent mis sur la qualité, des liens forts avec les universités et des calendriers de lancement bien définis sont autant de facteurs qui contribuent au succès des centres indiens de R&D. Selon la société d'études, le nombre croissant de centres R&D est également dû aux succès des sociétés pionnières.

Étude publiée par *Research and Markets.*

À Bangalore, dans l'État du Karnataka, une femme ouvrière contrôle la qualité des ordinateurs. Cette ville est l'un des sites industriels les plus importants du sud de l'Inde et attire de nombreuses entreprises de pointe. Elle est aujourd'hui considérée comme la « Silicon Valley » indienne.

Qui délocalise ?

Les entreprises qui délocalisent sont bien évidemment issues de pays développés.

Un exemple concret d'une firme multinationale : Nike

Nike est une grande firme transnationale qui illustre parfaitement le phénomène de la délocalisation chez les multinationales. Nike est un grand producteur d'articles de sport de toutes sortes (chaussures, vêtements, ballons, etc.). Elle délocalise sa production dans les pays en voie de développement pour les raisons que nous avons précédemment évoquées. Nike constitue l'une des plus grandes firmes multinationales du monde. Son profil parle de lui-même. En effet, avec un chiffre d'affaires de 8,78 milliards de dollars US et un bénéfice de 0,45 milliard de dollars US en 1998, Nike se place au premier rang de l'industrie sportswear. De plus ces chiffres continuent à augmenter ; ainsi, en 2000, le chiffre d'affaires s'élevait à 9 milliards de dollars US et le bénéfice à 0,58 milliard de dollars US. D'un point de vue financier, aucun doute : Nike est une des plus grandes multinationales du monde avec des parts impressionnantes du marché textile.

Mais quelles sont les stratégies de cette entreprise ? À quel prix est-elle parvenue à ce niveau ?

Au-delà des profits et de l'aspect financier, Nike possède des employés dans le monde entier et plus particulièrement en Asie (99 % de sa production). C'est le facteur de la puissance de Nike. Ces employés étaient au nombre de 22 700 en 2002. Nike, comme beaucoup de grandes entreprises, a élaboré une forte stratégie territoriale de délocalisation. Mais cette stratégie très poussée s'est parfois soldée par des abus.

Le BIT (Bureau international du travail) fixe des règles pour les conditions de travail qui doivent être impérativement respectées. Mais des violations de ces règles se sont observées dans le temps. En effet Nike, comme grand nombre de FTN, est accusé non sans raison d'exploiter la main-d'œuvre du Tiers-Monde. Cette exploitation explique la faible part de la main-d'œuvre dans les coûts de fabrication (moins de 1 % du prix de vente d'une chaussure en 1998).

Ces violations des règles du BIT et des conditions de travail sont évidemment dénoncées. Ainsi, aux Philippines par exemple, il a été découvert que des employés effectuaient plus de 60 heures de travail hebdomadaire (on est bien loin de la loi Aubry et des 35 heures !).

Un autre exemple, qui fit beaucoup de bruit en 1996 : le travail des enfants. Les enfants étaient exploités, en particulier pour la fabrication de ballons de football. Des réactions de toutes sortes se sont organisées à l'époque (justice, publicité, boycott, etc.).

Nike est donc une parfaite illustration du phénomène en augmentation constante de la délocalisation. C'est un exemple concret d'une entreprise qui délocalise pour garder ou gagner sa compétitivité.

Dans la mesure où les frais fixes d'une telle démarche (recherche d'un site étranger, d'un partenaire ou d'un fournisseur local, mise en place de systèmes de communication, investissements nécessaires, etc.) sont importants, cette technique pour baisser les coûts de production est utilisée par des moyennes ou grandes entreprises (de plus de 150 salariés environ) et concerne d'assez grosses séries de production.

Des stratégies différentes en Allemagne et en France

Les firmes allemandes de l'habillement ne disposant pas d'avantages comparatifs en terme de disponibilité en main-d'œuvre ont entamé leur processus de délocalisation dès la fin des années 1950 dans les pays d'Europe de l'Est et les pays en développement. Mettant en œuvre une coopération étroite avec leurs sous-traitants en faisant suivre systématiquement la production délocalisée par les cadres allemands, elles ont pu concilier délocalisation et qualité de produit final.

Dans les années 1980, la délocalisation des firmes allemandes du textile (hors habillement) devient de plus en plus rare et s'effectue davantage pour des raisons de conquête de marchés dans les pays où il est possible d'automatiser la production.

C'est justement au cours de cette période que les firmes françaises accélèrent les opérations de délocalisation. Les modalités diffèrent selon la taille des groupes industriels, leur degré d'intégration verticale dans la filière textile en France (contrairement à l'Allemagne, les accords entre fabricants de textiles et ceux de l'habillement, entre ces derniers et les distributeurs sont quasi inexistants) et l'insuffisance de la taille des entreprises de l'habillement face à une distribution concentrée jouent en faveur de la délocalisation. Il en résulte même un processus de délocalisation induit ou forcé de l'aval vers l'amont.

Il serait bien faux de croire que les entreprises de luxe ne se tournent pas vers la délocalisation ou la sous-traitance. Bien au contraire, leurs produits semblent particulièrement adaptés, car les marchés haut de gamme sont encore organisés selon un rythme très lent de deux grandes collections par an. Ces produits « haut de gamme », qui nécessitent pour leur élaboration une importante main-d'œuvre, chère en Europe, sont particulièrement adaptés à la délocalisation ou à la sous-traitance.

Conséquences

La délocalisation a des conséquences négatives incontestables sur l'emploi dans les pays développés qui délocalisent au sens strict. En effet, on a constaté ces dernières années des licenciements massifs dans les secteurs d'activité à fort taux de main-d'œuvre, comme le textile, les jouets ou certains services.

Dans les autres cas, les effets des délocalisations sur l'emploi sont difficiles à estimer.

Les délocalisations entraînent des réactions politiques : revendications des entrepreneurs pour diminuer les charges sociales et la réglementation du travail, réaction des syndicats ouvriers en raison des licenciements.

Dans le monde en général, c'est un rééquilibrage du travail qui, dans un premier temps, crée un nouveau prolétariat, mais c'est aussi une chance pour les travailleurs des pays pauvres de trouver les moyens d'améliorer leurs conditions de vie.

D'après une étude récente commandée par le sénateur M. Arthuis, 202 000 emplois de services sont susceptibles d'être délocalisés entre 2006 et 2010 depuis la France. Ce qui correspond à 22 % de la création nette d'emplois salariés de 1999 à 2003.

Parmi ces emplois délocalisés, 90 000 concerneraient les services aux entreprises, l'informatique (37 000), la recherche-développement (R & D).

En Belgique, pendant la période 1990-1995, 17 279 travailleurs auraient été concernés par la délocalisation, c'est-à-dire 19 % des travailleurs frappés par les licenciements collectifs.

Le cas de la Belgique est très représentatif du phénomène délocalisation. En effet, même si les proportions sont diminuées à cause de la taille du pays, les mêmes conséquences sur l'emploi sont observables sur les pays qui délocalisent en général.

PME et délocalisation

Près d'une PME française sur six admet avoir un projet d'investissement à l'étranger. Malgré les atouts de la France en matière d'environnement économique, les entreprises misent sur l'expatriation pour baisser leur masse salariale.

Externalisation, délocalisation, *offshore*...

Les concepts d'externalisation, de délocalisation et d'*offshore* font aujourd'hui partie du vocabulaire courant du monde de l'entreprise. La raison en est connue : à l'heure de la mondialisation des flux, de plus en plus d'entreprises s'avouent tentées d'expatrier à l'étranger une fraction de leurs activités pour profiter de coûts de production inférieurs. Les grandes entreprises, précurseurs dans ce domaine, sont désormais rejointes dans cette logique par les PME. Pour cerner l'étendue du phénomène, KPMG* a mené une enquête à l'initiative du Medef (Mouvement des entreprises de France) auprès de 200 dirigeants de PME françaises dont le chiffre d'affaires oscille entre 7 et 75 millions d'euros.

* KPMG : spécialiste en audit et conseil en management.

Part des PME, selon le chiffre d'affaires, ayant un projet d'investissement à l'étranger (sources KPMG, Medef)

Tranche CA	Part des PME
De 7 à 10 millions d'euros	12 %
De 10 à 25 millions d'euros	17 %
De 25 à 50 millions d'euros	15 %
De 50 à 75 millions d'euros	18 %

Premier constat : selon la tranche de chiffre d'affaires, de 12 à 18 % des PME interrogées admettent aujourd'hui avoir un projet d'investissement à l'étranger. L'étude montre que trois secteurs d'activité sont particulièrement touchés par cette volonté de délocalisation : la plasturgie** (50 % des PME ont un projet), l'équipement de la personne et de la maison (42 %), et la mécanique (26 %).

** Plasturgie : ensemble des procédés et techniques de transformation des matières premières.

Sans surprise, la principale motivation de cette démarche de délocalisation apparaît être, pour 79 % des PME, la réduction de la masse salariale. L'administration et ses démarches, jugées comme un facteur de non-compétitivité, arrivent en deuxième position (54 %), suivies par la fiscalité et les infrastructures (42 %).

Les éléments déterminants pour la délocalisation vers l'étranger (sources KPMG, Medef)	
Critère	Part des PME jugeant le critère déterminant
Coûts salariaux	79 %
Administration	54 %
Fiscalité	42 %
Infrastructures	42 %
Cadre de vie	25 %
Droit des affaires	25 %

Tout pourtant n'est pas noir dans le jugement que portent les dirigeants de PME sur leur bassin géographique actuel d'activité. 89 % estiment que la France offre une bonne qualité de services (énergie, sous-traitance...) et 84 % jugent que le niveau des infrastructures (transport, télécommunications...) est satisfaisant. Le cadre de vie est lui aussi largement plébiscité.

Niveau de satisfaction des PME envers leur présence en France (sources KPMG, Medef)	
Critère	Part des PME satisfaites
Services	89 %
Infrastructures	84 %
Environnement économique	82 %
Cadre de vie	80 %

Ce fort niveau de satisfaction est également au rendez-vous sur la main-d'œuvre française, dont les niveaux de qualification (79 %) et de spécialisation (76 %) sont appréciés par les PME. Seul bémol : le niveau de langue, jugé performant par seulement 14 % des dirigeants interrogés.

Au final, KPMG souligne dans son rapport que *« les dirigeants de PME sont profondément attachés à la France, reconnaissant et appréciant ses atouts ». Malgré tout, poursuit le rapport, « une PME sur six a un projet de délocalisation. Un projet qui est le plus souvent motivé par des considérations de marché et non par une volonté de délocalisation ».*

Part des dirigeants de PME jugeant la main-d'œuvre française compétitive (sources KPMG, Medef)	
Critère	**Part des PME**
Qualification	79 %
Spécialisation	76 %
Adaptabilité des compétences	55 %
Niveau de langue	14 %

L'emploi high-tech*

* *High-tech* : haute technologie. Se dit des industries utilisant des technologies de pointe comme l'informatique.

D'ici à 2010, un quart de l'emploi européen *high-tech** risque d'être délocalisé vers des pays émergents. 30 % des grandes entreprises européennes du secteur ont déjà lancé un chantier dans ce sens (mars 2004).

Externalisation, délocalisation, *offshore*..., peu importe le terme employé, le transfert vers les pays émergents d'une partie des activités high-tech européennes semble inéluctable. Et Gartner (société d'étude) ne voit pas vraiment ce qui pourrait inverser la tendance : en 2003, le marché de la délocalisation dans le secteur high-tech européen a progressé de 3,1 %. D'ici à 2007, sa croissance annuelle pourrait atteindre les 8 %.

Une évolution dans les hautes technologies : l'écran plasma.

Derrière ces constats économiques se logent deux réalités industrielles bien plus marquantes. Dès l'année 2005, 30 % des grandes entreprises high-tech européennes devraient avoir entrepris de délocaliser une partie de leurs activités. Sur le front de l'emploi, Gartner estime qu'à l'horizon 2010, plus de 25 % des postes du secteur européen de la high-tech seront transférés vers des pays émergents, notamment l'Inde, la Chine et la Russie.

En attendant ces perspectives, toujours selon l'étude réalisée par Gartner, 2003 est une année à marquer d'une pierre blanche dans la stratégie de délocalisation des entreprises européennes. Quinze contrats de délocalisation d'une valeur dépassant le milliard de dollars ont été signés l'année dernière dans les pays occidentaux. Sur ces quinze grands contrats, dix émanent de grandes entreprises européennes de la high-tech. Entre 1989 et 2002, l'Europe n'était à l'origine que de quatorze signatures de cette taille. On mesure l'accélération.

Cette logique de délocalisation devrait surtout agiter les entreprises britanniques. L'étude estime que le Royaume-Uni sera cette année à l'origine de 35 % des contrats de délocalisation. La France devrait, elle, représenter près de 13 % du marché européen.

Gartner estime enfin que les dix futurs États membres de l'Union européenne ne devraient jouer qu'un rôle secondaire sur le marché de la délocalisation, l'Asie continuant d'être la zone d'atterrissage la plus attractive. Au cas par cas, grâce à leur proximité géographique et linguistique, les dix nouveaux pays de l'UE pourront néanmoins se positionner sur des segments d'activité.

Europe : les pays et zones à l'origine des contrats de délocalisation high-tech

Rang	Pays-zones	Part de marché
1	Royaume-Uni	35,0 %
2	Allemagne-Suisse-Autriche	22,8 %
3	France	12,8 %
4	Italie	7,7 %
5	Europe du Nord	7,2 %

DES SOLUTIONS ?

Peut-on lutter contre les délocalisations ? Quelles mesures concrètes peut prendre l'État dans une société libérale qui prône la liberté d'entreprise ?

Il peut rendre plus difficiles les licenciements, mesure que les industriels dénoncent justement comme un frein à l'embauche et à la croissance. Cette croissance qui stagne et en laquelle certains économistes voient la seule solution pour lutter contre les pertes d'emplois liées à des délocalisations inévitables.

Comment relancer cette croissance et quelles sont les branches qui pourraient en profiter ?

Le rôle de l'État

La réglementation

Les mesures concernant la régulation du phénomène de la délocalisation pour les entreprises sont pratiquement inexistantes. Certes il existe des mesures de lutte contre l'évasion de capitaux (sortie de capitaux vers l'étranger ayant pour but d'échapper à des mesures fiscales, douanières, etc.), mais elles ne s'appliquent qu'indirectement au phénomène de la délocalisation. Les mesures directes de régulation de délocalisation sont donc inexistantes ou du moins introuvables.

Dans tous les cas, la fiscalité et les charges sociales trop pesantes des pays développés ne sont qu'un simple prétexte que prennent les entreprises quand elles délocalisent leurs activités. Il est bien évident que la recherche du profit maximum et des coût salariaux les plus faibles possible sont les principales motivations et que la fiscalité n'est qu'une infime partie de ce qui pourrait motiver une entreprise à délocaliser. La preuve étant que la majorité des délocalisations se font entre pays riches. Des mesures sur les impôts ne seraient donc pas une barrière efficace contre la délocalisation.

Quoi qu'il en soit, les emplois des pays concernés ne sont en rien protégés. Est-ce que l'État a les moyens d'agir sur les multinationales ? Cela pose problème car elles échappent au contrôle de l'État.

Le plan anti-délocalisation

Présenté au Conseil des ministres, le 22 septembre 2004, par le ministre de l'Économie, des Finances et de l'Industrie, le projet de loi de finances pour 2005 prévoit un arsenal de dispositifs pour lutter contre les délocalisations.

Le gouvernement a engagé, dans le cadre de la préparation du budget, une démarche volontariste face aux délocalisations d'entreprises françaises. *« C'est une priorité absolue. Il n'y a pas de fatalité à la suppression d'emploi et aux délocalisations »*, a indiqué le ministre lors de la présentation du projet de loi de finances pour 2005.

Dans le but de freiner le déplacement à l'étranger d'entreprises françaises, le projet de loi de finances pour 2005 a retenu *« différentes mesures spécifiques pour lutter contre les délocalisations, des encouragements à la constitution de pôles de compétitivité afin de renforcer au niveau local les synergies »*.

Dans son intervention, le ministre présente la mise en œuvre d'une nouvelle stratégie, qui comporte trois ensembles de mesures.

Prévenir la délocalisation

Dans le but de contribuer au maintien de l'activité dans des zones de territoire exposées aux délocalisations et aux restructurations industrielles, il est prévu, dans le projet de loi de finances, d'accorder jusqu'en 2009 un crédit de taxe professionnelle de 1 000 € par an et par salarié aux entreprises installées dans ces zones, qu'elles aient une activité industrielle ou une activité de recherche scientifique ou technique, de direction, d'études, d'ingénierie ou d'informatique. Une trentaine de bassins d'emploi qui connaissent les taux de chômage les plus élevés ou sont menacés de délocalisations seront répertoriés.

Juin 2005 : manifestation à Paris contre les délocalisations dans l'industrie textile.

Favoriser la relocalisation

Le projet de loi de finances prévoit un crédit d'impôt sur les bénéfices institué pour les entreprises qui choisissent de relocaliser leurs activités en France. Les dépenses de personnel correspondant aux emplois ramenés en France seront prises en charge par l'État, la première année au taux de 50 %, de façon dégressive pendant cinq ans.

Un enjeu de politique économique

Devant l'ampleur prise par les délocalisations dans une économie mondialisée, la délocalisation devient un enjeu majeur de politique économique.

Aux États-Unis, c'est une solution plus radicale qui a été adoptée. En effet, une loi a été votée fin janvier interdisant au service public de traiter avec des prestataires qui délocalisent. L'administration ne peut donc plus confier l'exécution de projets commandés par le gouvernement à une entreprise américaine qui sous-traiterait cette tâche à l'étranger. Depuis, plus de 80 projets de loi anti-délocalisation ont été présentés dans 30 États américains, sur fond de campagne électorale, de léthargie du marché du travail et de la menace d'une désindustrialisation des États-Unis.

Face à la vague anti-délocalisation, les industriels américains et certains économistes vantent le cercle vertueux de la délocalisation qui réalloue les ressources vers les emplois les plus productifs, permet de maintenir la compétitivité des multinationales. Grâce au profit dégagé, elles peuvent embaucher de nouveau aux États-Unis et investir. Les ménages consommeront plus, car ils bénéficieront de la baisse du prix des produits dont la production se fait à l'étranger. Il y a donc rationalisation de l'appareil de production et stimulation de la demande.

À cela on peut rétorquer que, dans l'immédiat, la délocalisation se traduit par une hausse du chômage et donc une baisse de la consommation, et par une relative désindustrialisation. Le prix des produits ne baisse pas forcément étant donné les coûts cachés de la délocalisation et le comportement de marge des multinationales qui préfèrent distribuer le profit aux actionnaires plutôt que de l'investir. Sur le long terme, cela entraîne aussi une dépendance vis-à-vis d'économies peu stables.

La mobilisation ouvrière

Externalisation des licenciements

Rapport des délégués syndicaux rédigé par un collectif CGT, SUD, CFDT, CFTC, juin 2005.

« Le 1er juillet 2004, naissait une société "historique", "d'un nouveau genre" : TTE. Détenue à 33 % par Thomson et 67 % par TCL et ayant le but avoué de devenir le numéro un mondial des téléviseurs. Thomson amenait son savoir-faire technologique, ses réseaux de distribution occidentaux, ses marques (RCA, Thomson, etc..), TCL amenait son argent pour renflouer les caisses et sa place de numéro un en Chine, tout en avouant son incapacité à pénétrer des marchés occidentaux dont il ne connaît pas le fonctionnement. Quoi de plus logique jusque-là ! Le tout, bien sûr, à grand renfort d'articles expliquant l'humilité de nos grands amis chinois et de déclarations d'hommes politiques français qui donnaient leur bénédiction à un mariage cohérent et plein d'avenir, présenté comme le nouveau modèle à suivre.

Les débuts de notre collaboration furent un peu délicats, mais fructueux et enrichissants. Il y avait bien quelques difficultés de communication, de langue, mais rien de bien insurmontable pensions-nous. Il a fallu apporter de plus en plus de soutien à nos collègues chinois en terme d'organisation, de tenue des plannings et de respects des engagements. Face à ces problèmes, nos collègues répondaient en embauchant massivement en Chine. Et puis, progressivement, les échanges se sont transformés en transfert de savoir-faire et de technologie à sens unique. On nous a demandé de sacrifier nos sous-traitants européens (et ce, même pour les produits vendus sur le marché européen) au profit de fournisseurs exclusivement chinois, même lorsque le rapport qualité/coût n'était pas en faveur de cette solution. Au début de cette année, les centres européens de développement d'Angers et de Villingen (Allemagne) ont été pompeusement nommés "centres de compétences". Intrigués, mais flattés et dupes, nous n'avions pas compris ce qui nous attendait.

Aujourd'hui, 21 juin 2005, nous le comprenons : les développements électroniques et mécaniques, les homologations des produits ne nous seront plus confiés et deviendront exclusivement chinois.

En clair, nous sommes maintenant devenus trop nombreux pour les missions de "compétences" qui vont nous être confiées. Tous les sites TTE (États-Unis, Allemagne, France, Singapour) sont en cours de "dégraissage" de moitié. En France, cela s'appelle un PSE - Plan de sauvegarde de l'emploi -, 48 postes sont supprimés à Angers.

Le plus difficile à admettre est que nous sommes tous intimement persuadés que cette situation ne découle pas du contexte du marché actuel, morose il est vrai, mais bien d'une stratégie d'entreprise visant à tirer toute la valeur ajoutée vers la Chine. »

Le 15 mars 2003, les employés de Matra protestent contre la fermeture du site de production de Romorantin-Lanthenay.

Appel initié suite aux rencontres des 17 avril et 26 juin 2004 à Rennes, entre salariés d'entreprises en lutte

« Lors des rencontres des 17 avril et 26 juin 2004 à Rennes, à l'initiative des salariés de TMicroelectronics et Thomson, de nombreuses délégations d'entreprises en lutte contre des plans sociaux et des licenciements ainsi que des salariés du service public ont partagé leurs expériences et déclarent :

- Que ces licenciements et ces délocalisations ne relèvent pas d'une quelconque fatalité mais sont le résultat d'une politique patronale visant à toujours plus de profits en exploitant les salariés où sont délocalisées les productions.

- Qu'il est de notre devoir de lutter contre ces licenciements et de nous en donner les moyens.

En conséquence il a été décidé la création d'un collectif national pour fédérer les luttes contre les licenciements et pour garantir le droit au travail.

Ce collectif RÉSISTANCE 2004 lance un appel exigeant la modification de la législation sociale afin de garantir le pouvoir décisionnel des salariés dans leur entreprise.

Actuellement les dispositions du code du travail ne donnent pas aux salariés les moyens de rejeter les raisons invoquées par le patron lors des licenciements.

- Les instances représentatives du personnel doivent avoir un vrai pouvoir décisionnel au niveau de l'entreprise et de la branche ; en particulier, ils doivent pouvoir contester les raisons de licenciement invoquées par le patron et posséder un droit de veto.

- Les mêmes dispositions doivent être valables au niveau européen.

- La loi doit interdire aux entreprises ou groupes la pratique des licenciements de profitabilité.

- Elle doit assurer le contrôle des fonds publics alloués aux entreprises.

Il est intolérable de voir « privatiser les profits et nationaliser les pertes ».

Par exemple STM, bien qu'ayant bénéficié de 800 millions d'euros de subventions entre 2003 et 2004, délocalise son site de Rennes et ce sont les collectivités locales qui vont devoir investir pour essayer de réindustrialiser ce site.

La loi doit donc :

- Assurer une totale transparence dans l'attribution et le suivi des fonds publics au travers d'une convention et d'une instance de suivi et de contrôle. Cette instance sera composée des représentants des salariés et des collectivités en responsabilité des ressources affectées.

- Exiger le remboursement des aides de la part des entreprises en cas de non-respect de la convention, au prorata des obligations non respectées.

- Assurer un emploi et un salaire.

Le risque principal réside aujourd'hui dans le chômage et la précarité. Les reclassements après licenciements signifient déclassement, précarité et pour les non-reclassés chômage et exclusion.

- Il faut garantir le droit au travail et affirmer le salaire comme un droit imprescriptible

- En cas de perte d'emploi, il ne doit pas y avoir de discontinuité concernant l'attribution du salaire, ce financement sera à la seule charge du patronat grâce à un fond patronal obligatoire.

"Le seul combat que l'on perd vraiment est celui que l'on refuse de livrer." »

Le collectif national RÉSISTANCE.

Relancer la croissance

Qu'est-ce que la croissance ?

La croissance est mesurée le plus souvent par l'augmentation de la production et donc de la richesse du pays. L'indicateur retenu par l'INSEE (Institut national de la statistique et des études économiques) est le PIB (produit intérieur brut) et, plus précisément, sa variation d'une année sur l'autre.

Quelle croissance a connu la France ces dernières années ? Selon les chiffres de la Banque de France, la croissance a diminué en 2002 et 2003 pour atteindre 0,6 % en 2003 (variation en volumes, c'est-à-dire indépendamment de l'évolution des prix). En valeur, cela a représenté cependant une augmentation de la production, certes chaque année de plus en plus faible. Elle est ainsi passée de 1 475,6 milliards d'euros en 2001 à 1 557,2 milliards en 2003.

En 2003, ce sont les banques et assurances qui ont le plus contribué à la croissance (+ 5,2 %), d'après le site Educnet réalisé par l'Insee et le ministère de l'Éducation. Le tourisme, l'agroalimentaire, les biens d'équipement, l'automobile sont quatre autres secteurs moteurs dans l'économie française. En revanche, la flambée du prix du pétrole (depuis 1999) a un effet négatif sur la croissance en raison des importations. Effectivement, elle est répercutée sur les coûts de production sans être toujours totalement compensée par la hausse des prix de vente.

Pour 2004, le FMI table désormais sur une croissance de 2,5 % du PIB et sur 2,2 % en 2005, selon son rapport annuel sur la situation économique de la France, publié le 3 novembre 2004.

Pourquoi s'intéresser à la croissance ?

Mais pourquoi les économistes focalisent-ils leur attention sur le taux de croissance ? Au-delà des ressources que représente la croissance pour les entreprises et l'État, l'une des raisons se trouve sans doute dans le lien croissance-emploi. Selon l'INSEE, il est possible d'établir une relation entre la variation du PIB et la variation de l'emploi. Lorsque le rythme de croissance du PIB s'accélère, celui de l'emploi salarié s'accélère aussi ; inversement, en cas de ralentissement du PIB, l'emploi salarié ralentit.

Une croissance économique soutenue va ainsi avoir un impact favorable sur l'emploi. L'augmentation du PIB signifie en effet que les entreprises ont produit plus de biens et services ; elles ont donc investi et embauché. La forte croissance des années 1998-2000 a ainsi permis la création d'emplois. En 2000, 580 000 postes de travail ont été créés, 515 000 en 1999.

Les moteurs de la croissance

Face aux chiffres constatés depuis 2000, la question se pose alors de relancer la croissance. Quatre rapports publics consacrés à la croissance ont été publiés en 2004. L'investissement dans l'éducation, la recherche ou les nouvelles technologies, la flexibilisation du marché du travail y sont décrits comme des moteurs possibles de la croissance.

- Intitulé *« Productivité et croissance »,* le rapport réalisé par Patrick Artus et Gilbert Cette pour le Conseil d'analyse économique (CAE) propose notamment d'accroître le développement de l'industrie et de la recherche en vue d'une spécialisation internationale.

- Autre rapport du CAE : le rapport *« Éducation et croissance »* de Philippe Aghion et Elie Cohen. Remarquant que la France a un système éducatif moins adapté à l'innovation et aux nouvelles technologies que les États-Unis, le rapport propose plusieurs réformes : encourager les universités à développer des diplômes professionnels, augmenter les dotations financières liées à des projets d'universités, mettre en œuvre une évaluation des professeurs et des enseignements...

- Deux rapports consacrés à la croissance ont été remis cette année au Premier ministre. La multiplication du travail, telle est l'une des pistes évoquées dans le rapport de Michel Camdessus, ancien directeur du Fonds monétaire international (FMI). Celui-ci préconise une politique basée sur le couple « flexibilité et sécurité » du marché du travail. Les secteurs susceptibles de constituer un gisement d'emplois selon l'auteur sont ceux d'emplois non délocalisables : services aux personnes, hôtellerie-restauration, commerce.

- Enfin, dans un rapport qui s'intitule *« Pour un écosystème de la croissance »,* Christian Blanc veut donner la priorité à la compétitivité des territoires. Il suggère à cet effet de mettre en place des pôles de compétitivité locaux autour des trois acteurs que sont l'universitaire, l'entrepreneur et le chercheur.*

* D'après *La Documentation française.*

Les pôles de compétitivité

Comme le précise la présentation des mesures fiscales du projet de loi de finances pour 2005, la lutte contre la délocalisation passe aussi par la synergie entre les entreprises et la recherche.

En septembre 2004, il est proposé la mise en place de pôles de compétitivité. Ces pôles, labellisés, bénéficieront d'exonérations d'impôt sur les bénéfices, ainsi que sur les cotisations de taxe professionnelle et de taxe foncière sur les propriétés bâties. Pour les employés effectuant des activités de recherche et d'innovation, les entreprises seront exonérées de 50 % des cotisations sociales, selon leur taille.

Pôles de compétitivité

Un pôle de compétitivité se définit comme la combinaison, sur un espace géographique donné, d'entreprises, de centres de formation et d'unités de recherche publiques ou privées, engagés dans une démarche partenariale destinée à dégager des synergies autour de projets communs au caractère innovant. Ce partenariat s'organise autour d'un marché et d'un domaine technologique et scientifique qui lui est attaché, et doit rechercher l'atteinte d'une masse critique pour atteindre une compétitivité mais aussi une visibilité internationale.

Les pôles de compétitivité en France

Selon Christian Estrosi

Pôles de compétitivité : des centaines de milliers d'emplois à la clé

« Le ministre délégué à l'Aménagement du territoire Christian Estrosi parie sur la création de "centaines de milliers d'emplois" en France d'ici 2010 grâce aux pôles de compétitivité, mis en place pour lutter contre les délocalisations industrielles.

Au cours d'une rencontre avec la presse, le président du conseil général des Alpes-Maritimes a dit "envisager pour la France à travers des pôles de compétitivité, d'ici 2010, la création de x milliers d'emplois, de dizaines de milliers d'emplois, voire de centaines de milliers d'emplois".

Plus concrètement, en Aquitaine – sur le pôle dit "aéronautique" piloté notamment par les sociétés Thales et Snecma –, Christian Estrosi mise sur "la création de 6 500 emplois" *d'ici à 2010, un chiffre avancé par le ministre grâce aux promesses verbales des industriels sur le terrain.*

Dans le Nord, région productrice de textile, il table, de la même manière, sur "2 000 emplois créés dans les trois ans" *et 2 500 supplémentaires dans un deuxième temps.*

Les 67 pôles de compétitivité sont dotés d'une enveloppe globale de 1,5 milliard d'euros sur trois ans (2006-2008) et sont censés encourager la politique de l'innovation en France et surtout lutter contre les délocalisations industrielles. "Ma vision, c'est une répartition de l'attractivité du territoire sur tout le territoire", *a encore plaidé Christian Estrosi. »*

Article paru dans *Nice Matin*, le 15 septembre 2005.

Parmi les pôles sélectionnés, l'accent a été mis sur la vocation internationale du projet. Une quinzaine a déjà une vocation et une renommée mondiale, et 52 projets ont plutôt une ambition nationale et régionale.

C'est un compromis entre deux visions. Celle du ministre d'État, Nicolas Sarkozy, qui défendait l'idée d'une *« option territoriale »*, c'est-à-dire le développement équitable de tout le territoire, et l'option défendue par le Premier ministre Dominique de Villepin de *« compétitivité de la France »* pour *« éviter le risque d'un saupoudrage des aides diverses »*, a-t-il précisé.

Sur les 105 dossiers présentés, le gouvernement a finalement retenu 67 dossiers qui se partageront l'enveloppe. La somme, partagée sur une durée de trois ans, a été doublée afin de ne pas casser le mouvement déjà engagé par les régions visées.

Parmi ces 67 projets, 9 s'intéressent au secteur du multimédia et de l'informatique, et 8 concernent l'électronique, la photonique et les logiciels complexes.

« *Sarkozy toujours vexant* » : illustration satirique de la gestion politique des pôles de compétitivité 2005.

Toutes les régions ont déposé des dossiers. La principale étant la région Rhône-Alpes avec 19 dossiers, suivie de la région Poitou-Charentes avec 15 projets et de l'Île-de-France avec 14.

La création de ces pôles n'est pas le fruit du hasard. L'ambition du gouvernement est de relancer la croissance, de permettre le renouvellement de l'offre industrielle du pays qui doit rester solide face à la concurrence, de regagner des marchés forts et de réduire les délocalisations appauvrissant le pays.

Au point de vue du financement, il se fera principalement par des ressources de privatisation. D'ici à 2008, le milliard et demi proviendra de différentes sources. Selon le *Figaro,* 300 millions viendront des exonérations de charges sociales pour les chercheurs, 400 millions de crédits d'État et 800 millions de grandes agences (exemple : la Caisse des dépôts).

L'innovation

Rapport du ministre délégué à la Recherche, François Goulard, mai 2005.

« Aujourd'hui nous vous proposons un ensemble d'orientations qui ont pour objectif de développer l'innovation en France, c'est-à-dire de favoriser un plus grand usage de la "Recherche & Développement" (R & D) par nos entreprises.

En effet, il y a urgence : bien que l'innovation soit la clé de notre avenir économique, notre pays est en retard ; il souffre d'une trop faible coopération entre les entreprises et le monde de la recherche ; nos industries et nos laboratoires sont insuffisamment soutenus par la collectivité dans leurs efforts de recherche et d'innovation.

Avant de détailler le contenu de ce plan en faveur de l'innovation et d'en préciser la méthode, nous voudrions rappeler en quoi l'action des pouvoirs publics est indispensable et pleinement légitime dans ce domaine.

"L'innovation" est une nécessité vitale pour toutes les entreprises qui affrontent la concurrence. Dans la plupart des cas, l'innovation repose sur des initiatives commerciales et de marketing. Mais l'innovation la plus importante pour l'économie est celle qui découle de la R & D. Cette dernière n'est pas toujours rentable dans l'immédiat pour les entreprises et mérite un soutien spécifique des pouvoirs publics. »

Maquette du projet du futur réacteur à fusion nucléaire ITER qui sera construit sur le site du CEA (Commissariat à l'énergie atomique), à Cadarache (Bouches-du-Rhône).
Les expériences réalisées avec ITER permettront de franchir de nouvelles étapes vers la production de l'énergie de fusion.

ITER à Cadarache

- Un site de 150 hectares.
- 500 emplois directs devraient être créés pendant la phase de construction.
- 1 000 emplois directs pour l'exploitation (chercheurs, ingénieurs, techniciens, personnel administratif).
- Financement total du projet : 4,6 milliards d'€ pour la construction (dix ans) ; 4,8 milliards d'€ pour l'exploitation (vingt ans) et 0,6 milliard d'€ pour le démantèlement.

Innovation et croissance

En effet, les économistes ont montré depuis longtemps que l'innovation accroît notre potentiel de croissance et profite à la collectivité d'une façon plus que proportionnelle à son rendement pour ceux qui la réalisent. Les marchés de capitaux sont souvent inefficients pour financer correctement ce type d'investissement, alors que la moitié environ de la croissance économique en dépend dans les pays développés. Les pouvoirs publics ont donc un rôle d'incitation et de stimulation à jouer dans ce domaine, qui est complémentaire d'une politique économique libérale.

D'autre part, la R & D et l'innovation sont un atout stratégique essentiel pour notre économie et pour la nation : notre indépendance nationale dépend d'un socle de recherche solide et de la maîtrise des grandes filières technologiques (microélectronique, logiciels, biotechnologies, énergie et environnement, espace...) ; les pouvoirs publics sont dans leur rôle lorsqu'ils aident les entreprises françaises à maintenir ou à conquérir leur place en la matière.

En outre, les efforts de R & D et d'innovation souffrent davantage du ralentissement conjoncturel car, en raison de la baisse des profits et de la montée des incertitudes, les entreprises sont souvent tentées de réaliser des économies sur des dépenses dont la rentabilité est lointaine et non assurée. Les pouvoirs publics doivent alors jouer un rôle d'incitation à contre-cycle. L'intervention de l'État est donc aujourd'hui pleinement justifiée.

La France est en retard

Or, les évolutions récentes nous montrent qu'il y a urgence. En effet, notre objectif national et communautaire est d'atteindre 3 % du PIB en dépenses de Recherche & Développement à l'horizon 2010, comme l'a fixé le président de la République. Or, notre économie n'investit aujourd'hui que de 2,2 % du PIB en R & D : pour atteindre un ratio de 3 %, il nous faut, au-delà de la simple croissance du PIB, accroître l'effort de près de 40 % en huit ans, ce qui est considérable.

Pour progresser, nous devons encourager essentiellement les entreprises dans leurs dépenses de R & D : en pourcentage du PIB, leurs dépenses de R & D sont en moyenne inférieures de 25 à 40 % à celles que l'on observe au Japon, aux États-Unis ou en Allemagne, comme l'illustrent les chiffres *(voir tableau ci-dessous).*

La création d'entreprises innovantes a également chuté de près de 20 % au premier semestre 2002 par rapport à 2001.

Les dépenses de R & D en % du PIB en 2000

	R & D	Part publique	Entreprises
France	2,2 %	0,94 %	1,4 %
États-Unis	2,7 %	0,8 %	2 %
Allemagne	2,5 %	0,8 %	1,7 %
Japon	3 %	0,6 %	2,1 %
UE	1,9 %	0,7 %	1,2 %
Objectif UE	3 %	1 %	2 %

Part publique : crédits budgétaires de l'État en % du PIB.
Entreprises : DIRDE, dépenses intérieures de R & D des entreprises.

N.B. : la R & D totale n'est pas égale à la somme des R & D publiques et privées, car les entreprises financent en partie la R & D publique (contrats avec les laboratoires), tandis que les pouvoirs publics financent en partie la R & D privée.

États-Unis, Californie : vue générale sur la Silicon Valley.

Des handicaps à surmonter

Pour les aider, nous devons surmonter plusieurs handicaps :

- Par tradition, notre pays est plus performant dans la recherche fondamentale, avec des pôles d'excellence reconnus. Nos efforts proviennent davantage des centres de recherche publics que des entreprises, et les applications dans le domaine marchand sont insuffisantes. Nos chercheurs déposent en moyenne moins de brevets que dans les autres pays (la France n'est qu'au 9e rang dans l'Union européenne et sa part décroît).

- Trouver des financements est une tâche difficile pour les entreprises innovantes, en particulier celles qui démarrent, en raison de la durée des cycles de recherche - qui s'étalent sur de longues années, parfois plus d'une décennie -, des incertitudes quant à leur succès, et de la rentabilité variable et lointaine des projets.

- La fiscalité et les charges sociales pèsent sur la rentabilité, en augmentant le coût des emplois hautement qualifiés - notamment les chercheurs - pourtant indispensables à l'innovation : cela pénalise les entreprises innovantes, en particulier les plus jeunes.

Des réformes déjà engagées

Plusieurs réformes ont été engagées pour insuffler un nouveau dynamisme à notre économie, en particulier :

- la réduction des impôts, à travers les allègements fiscaux de la loi de finances pour 2003, et le cadrage macro-économique ;

- la rénovation du cadre social, avec l'assouplissement des 35 heures et la refonte de la loi dite de « modernisation sociale » ;

- l'action pour l'initiative économique afin de promouvoir la création d'entreprises.

Cette politique a un fil directeur : créer un environnement favorable à la confiance et à l'initiative des entrepreneurs, donc à l'investissement, à la croissance à long terme et à l'emploi.

Notre objectif est d'agir sur toute la chaîne de l'innovation :

- en favorisant l'émergence des projets, grâce à une plus grande proximité entre la recherche et les entreprises ;
- en aidant l'amorçage et les entreprises qui démarrent ;
- en apportant un soutien à l'effort de recherche et d'innovation de toutes les entreprises.

Six axes d'action

Nous avons retenu six axes d'action qui ciblent chacune de ces étapes cruciales :

- un statut pour les investisseurs individuels dans les jeunes entreprises ;
- un cadre fiscal favorable pour les jeunes entreprises innovantes ;
- un dispositif fiscal plus favorable aux investissements en R & D ;
- des circuits de financement publics plus proches du terrain ;
- une meilleure valorisation de la recherche par les entreprises ;
- l'innovation à l'échelle de l'Europe : nous engageons une concertation avec nos partenaires de l'Union européenne pour faire de l'innovation une « arme stratégique » pour l'industrie européenne.

D'après Rapport du ministre délégué à la Recherche.

LA SOCIÉTÉ POSTINDUSTRIELLE

Le terme « postindustrielle » concerne les pays fortement industrialisés, principalement l'Europe occidentale et les États-Unis.

Dans ces pays, on note depuis deux décennies une réduction importante des emplois industriels. Ceux-ci viennent de passer aux États-Unis en dessous du seuil de 10 % de la population active. En France, cette proportion est de 20 %.

Cette réduction présente deux causes principales, l'une liée à des modifications de la structure des entreprises, l'autre étant de l'ordre de la concurrence.

D'une part, l'automatisation des processus de fabrication, telle la robotisation, a fortement réduit les emplois de manœuvres, tandis que les gains de productivité très importants ont fait diminuer la part de la main-d'œuvre humaine.

D'autre part, la poussée du développement industriel de certains pays comme l'Inde ou la Chine a créé une concurrence pour les pays déjà développés à laquelle est venu s'ajouter le phénomène de délocalisation. On peut citer comme exemple en France la chute de l'industrie textile ou celle du charbon qui ont affecté des régions entières mises dans l'obligation de se reconvertir.

Bien qu'ayant eu une influence sur le chômage, la perte en pourcentage de ces emplois industriels n'a pas affecté dans les mêmes proportions le nombre total des postes de travail. Une grosse partie a donc été remplacée et cela, principalement, par des emplois de services. Il faut aussi tenir compte que des activités qui étaient directement réalisées par des entreprises industrielles ont été reportées sur des sociétés de services spécialisées, dans certains domaines comme l'informatique.

Une autre caractéristique de la société postindustrielle est financière. Elle concerne la prise de contrôle des entreprises par la Bourse dans les années 1990. Les actionnaires, devenus les véritables patrons des entreprises, sont bien souvent des sociétés de capitaux, comme les fonds de pension pour lesquels la seule réalité concerne les dividendes. Il y a déshumanisation de la fonction de direction et l'entreprise se donne pour priorité de favoriser ses actionnaires plutôt que ses salariés, ce qui explique les licenciements boursiers.

Ces modifications de la répartition des forces industrielles mondiales, ainsi que le poids pris par les capitaux étrangers dans la propriété des entreprises constituent les éléments principaux de ce qu'on appelle *la mondialisation.*

Comment les nations fortement industrialisées vont-elles réagir face à ces modifications fondamentales ? C'est le défi qui leur est posé et pour lequel elles devront trouver des solutions si elles veulent garder leur place dans le monde.

Société de l'information et des connaissances

« Rien ne sera moins industriel que la civilisation issue de la révolution industrielle », prédisait Jean Fourastié en 1949.

Cette prédiction se trouve réalisée en partie dans la nouvelle société dénommée *postindustrielle.*

Non seulement les emplois de services ont dépassé en quantité les emplois industriels, mais ces derniers ont diminué en valeur absolue pour les raisons évoquées plus haut.

Les emplois de services ont remplacé ce que l'on appelait autrefois *le tertiaire,* lequel concernait les activités restantes lorsqu'on avait retiré celles de l'agriculture et de l'industrie.

Ces emplois de services comprennent les transports, le commerce, les services marchands aux ménages et aux entreprises, avec la part prise par la prospection publicitaire, les services de santé, d'enseignement et de recherche.

La principale innovation est que les entreprises ont transféré des services intérieurs vers des sociétés spécialisées apportant une meilleure efficacité. Il en est ainsi des fonctions de gestion, de programmation et de recherche-développement.

Ces fonctions nécessitent une connaissance très approfondie des méthodes utilisées dans le monde entier, afin d'être toujours à la pointe du progrès.

L'étude et le stockage des informations, ainsi que leur échange, ont été rendus possibles par le développement extraordinaire de l'informatique et du réseau d'échanges Internet.

C'est pourquoi cette nouvelle société est aussi dénommée *société de l'information, du savoir ou des connaissances.*

Elle permet le partenariat entre des interlocuteurs très éloignés les uns des autres, mais qui peuvent suivre d'une façon rapide et précise les développements d'une application.

La relation entre le prestataire et l'usager est devenue primordiale, et s'appuie sur une confiance mutuelle et des contacts fréquents.

Ces sociétés ont besoin d'un personnel très qualifié, à l'écoute des recherches effectuées partout dans le monde, capable de comprendre et de prendre en compte les atouts et les faiblesses de leurs clients. Sa formation est internationale et s'adapte bien aux contraintes de la mondialisation.

Image de synthèse montrant le satellite de communication *Astra-1B*.

Primauté de la R & D

Dans les services recherchés par les entreprises, le secteur Recherche et Développement (R & D) tend à prendre une importance vitale. On a vu le rôle primordial attribué par les responsables économiques à l'innovation et à la formation. L'exploitation d'un nouveau produit demande, pour qu'il soit concurrentiel, des connaissances étendues qu'une entreprise peut difficilement maîtriser seule.

Les processus de fabrication, basés sur l'automatisation, nécessitent des ingénieurs et des techniciens supérieurs. Pour la mise en route, il est indispensable de faire appel à des sociétés dont les ingénieurs sont préparés à cet effet et capables de former ceux qui, sur place, continueront l'application. De ce fait les emplois peu spécialisés ont tendance à disparaître, d'autant plus que les tâches répétitives sont souvent l'objet de délocalisations.

Dans toutes les tâches de gestion et d'animation, l'informatique prend une place essentielle, avec des bases de données permettant de comparer les résultats aux prévisions et de faire face très rapidement aux révisions nécessaires. Ceci implique pour le personnel permanent une formation continue et une aptitude à intégrer de nouvelles connaissances.

En novembre 2005 s'est tenu à Tunis le Sommet mondial sur la société de l'information, dont le but était de trouver des solutions pour aider les pays en développement à s'équiper dans le domaine de l'informatique et des télécommunications.

Discours du secrétaire général de l'ONU (Organisation des Nations unies), Kofi Annan, à Tunis en novembre 2005, à l'occasion du Sommet mondial sur la société de l'information.

La place des pays pauvres

Il est à noter que cent soixante-dix pays étaient représentés, mais que les dirigeants des pays occidentaux industrialisés étaient absents contrairement à ceux des pays arabes et africains. Il est bien évident que les exemples de la Chine ou de l'Inde montrent que le développement de ces pays dans le domaine de l'information constitue une concurrence difficilement supportable. D'ailleurs les pays dits riches ont refusé de s'engager au versement d'une contribution obligatoire à un Fonds de solidarité.

Ce Sommet a reconnu que la libre communication des informations, des idées et du savoir est essentielle pour la société de l'information. Mais la tutelle des États-Unis sur Internet n'a pas été levée.

Dans ce contexte, on peut s'interroger sur le sort des pays sous-industrialisés et dont le retard du système d'éducation sera long à combler.

Dans le nouvel équilibre mondial, ces pays se verront-ils confier les tâches de production secondaires qui ne nécessitent qu'un personnel formé à quelques gestes répétitifs dans le plus pur esprit du taylorisme ?

Et, dans les pays développés, quel sera le sort de ceux qui n'auront pas les moyens d'atteindre le niveau d'éducation et de formation que réclame la nouvelle société ?

L'importance des fonds de pension

« La participation financière des grands fonds de pension anglo-américains est de plus en plus significative dans les entreprises cotées du monde entier. Ce développement n'a pas manqué de retentir sur l'orientation des décisions des entreprises dans de nombreux pays. En effet, ces opérateurs ont un rôle de plus en plus actif dans le fonctionnement du gouvernement d'entreprise. [...]

Dans le cas de la France par exemple, la Commission des opérations de Bourse (C.O.B.) estimait, en 1999, à près de 37 % la capitalisation boursière française détenue par les grands investisseurs institutionnels. Parmi les principaux intervenants dans le capital des sociétés françaises, on relève la présence de l'un des fonds de pension américains les plus importants, CalPERS (California Public Employees Retirement System), qui gérait à lui seul, en 2002, 143,7 milliards de dollars, et des gestionnaires américains et britanniques de Mutual funds tels que Franklin Templeton, Fidelity Investment, Capital Group et PDFM.

Selon la C.O.B., ces grands fonds représentaient en 1999 à eux seuls, avec 400 milliards de francs, plus de 10 % de la capitalisation boursière de Paris. [...]

[...] *de nombreux grands fonds de pension ont pour objectif la maximisation de la rentabilité de leurs placements. À cet égard, il sont très attentifs à la qualité de la gestion des entreprises dans lesquelles ils investissent. Si l'objectif de rentabilité n'est pas atteint, alors ils n'hésitent pas à intervenir dans le processus décisionnel des entreprises. Leur intervention peut être directe ou indirecte.*

Certains fonds de pension, par exemple, cherchent à influer sur la gestion des entreprises en intervenant directement auprès des dirigeants et en exerçant leur droit de vote au sein des assemblées générales. En cas de désaccord avec la stratégie de la firme, ils n'hésitent pas à solliciter le départ des membres de l'équipe dirigeante.

Durant le début des années 1990, les dirigeants de grands groupes américains tels qu'IBM, Kodak, Amex et General Motors ont ainsi été limogés par CalPERS.

Un autre moyen qui s'offre aux fonds de pension est l'intervention indirecte par voie de presse. C'est encore le cas de CalPERS qui publie régulièrement dans la presse une "liste noire" des entreprises du monde entier dont il juge les rendements trop faibles. Leurs interventions ont des incidences importantes sur la valorisation boursière des entreprises. En effet, certains travaux (Smith, 1996 ; Huson, 1997) ont pu montrer une réaction significative et positive des cours boursiers des firmes ciblées lorsque ces dernières suivaient les recommandations de CalPERS. »

Najat El Mekkaoui de Freitas,
Encyclopædia Universalis 2004.

Une société des loisirs ?

On a pu croire que les progrès techniques réalisés dans les processus de fabrication entraîneraient pour les ouvriers spécialisés ou non une diminution du temps effectif de travail. Cela s'est traduit par des hypothèses selon lesquelles le temps de travail devait être ramené aux environs de 30 heures et, dans la réalité en France, par la loi des 35 heures.

Cette libération devait, en principe, permettre à l'homme de satisfaire les besoins de sa propre personnalité et d'utiliser ses loisirs pour de nouvelles activités liées à la culture.

Un article du *Monde diplomatique,* sous la plume de Bernard Stiegler, traite cette hypothèse de « fable ».

« Théorisé sous le nom de société postindustrielle, ce conte influença et fragilisa notablement la philosophie "postmoderne". Il inspira les sociaux-démocrates, prétendant que nous étions passés de l'époque des masses laborieuses et consommatrices de l'âge industriel au temps des classes moyen-nes ; le prolétariat serait en voie de disparition.

Salle d'exposition et vitrines d'un musée.

Non seulement, chiffres en main, ce dernier demeure très important, mais, les employés s'étant largement prolétarisés (asservis à un dispositif "machinique" qui les prive d'initiatives et de savoirs professionnels), il a crû. Quant aux classes moyennes, elles sont paupérisées. Parler de développement des loisirs - au sens d'un temps libre de toute contrainte, d'une "disponibilité absolue", *dit le dictionnaire - n'a rien d'évident, car ils n'ont pas du tout pour fonction de libérer le temps individuel, mais bien de le contrôler pour l'hypermassifier : ce sont les instruments d'une nouvelle servitude volontaire. Produits et organisés par les industries culturelles et de programmes, ils forment ce que Gilles Deleuze a appelé les* "sociétés de contrôle". *Celles-ci développent ce capitalisme culturel et de services qui fabrique de toutes pièces des modes de vie, transforme la vie quotidienne dans le sens de ses intérêts immédiats, standardise les existences par le biais de "concepts marketing".* »

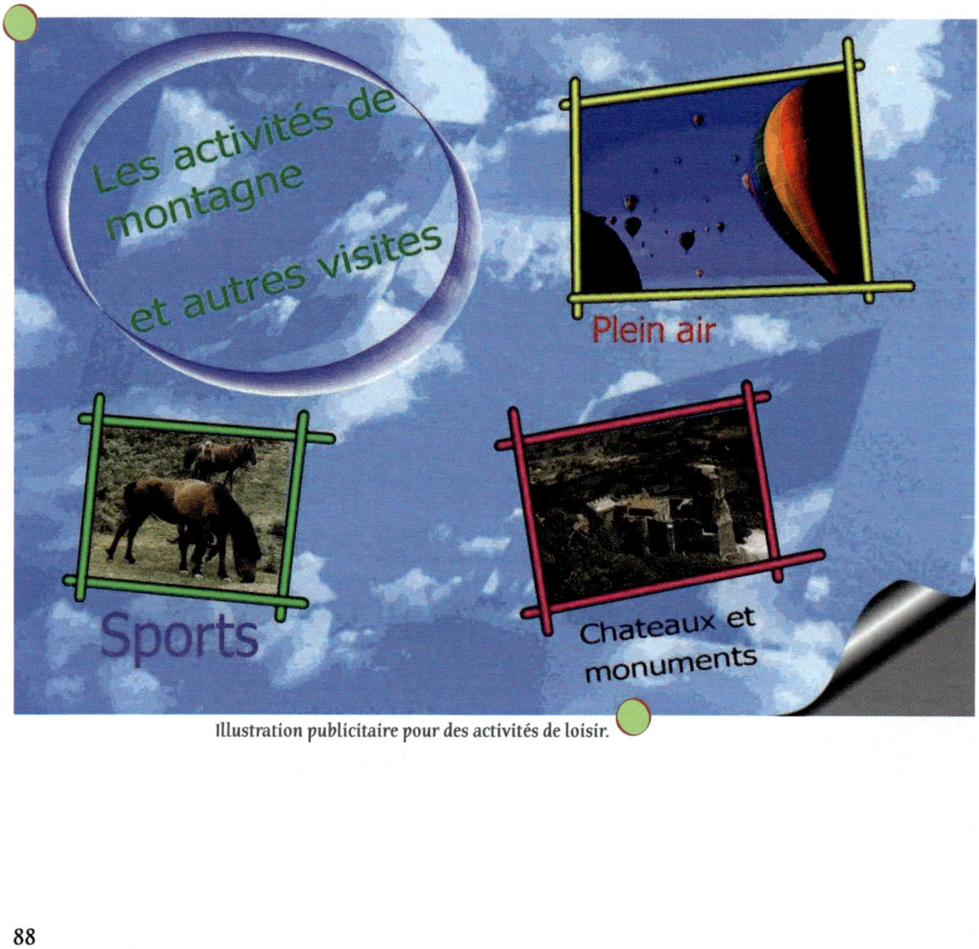

Illustration publicitaire pour des activités de loisir.

CONCLUSIONS

Mesurer les effets de la désindustrialisation et, en particulier des délocalisations, sur l'emploi dans l'Europe industrialisée n'est pas facile si l'on compare les taux de chômage des différents pays et les causes supposées de ce chômage.

Certains économistes voient dans ces pertes d'emploi une évolution normale dans des pays qui n'ont pas encore pris la mesure des transformations fondamentales : nouvelle économie, prédominance des services sur les industries, modification des formes de travail, évolution des pays émergents, aspirations des classes dites « moyennes ».

De nombreux rapports ont été rédigés, souvent à la demande des autorités. Tous ne font pas les mêmes constatations et les prévisions contiennent beaucoup de « si » qui ne permettent pas de se faire une idée sur ce que sera l'évolution de la société postindustrielle.

Force est de constater que beaucoup de questions que nous nous posons restent sans réponse.

Sur l'Île-Séguin, à Boulogne-Billancourt, l'ancienne usine Renault, inaugurée en 1929 par son fondateur, Louis Renault, est désaffectée depuis 1992. À son apogée, dans les années 1960-1970, elle accueillait environ 10 000 ouvriers.

Des avantages ?

Extrait du rapport du Conseil d'analyse économique. Lionel Fontagné, Jean-Hervé Lorenzi, 2005.

« Les délocalisations constituent simplement une nouvelle manifestation du développement des échanges entre pays industrialisés et pays émergents. Les bénéfices de ces échanges sont immédiats pour le consommateur (du pays importateur) qui voit le prix de nombreux biens de consommation chuter. [...]

Le bénéfice est également évident pour les entreprises, qui absorbent dans leur processus de production une part croissante d'importations à bas prix en provenance du Sud, réalisant au passage des gains de productivité. Une partie de ces gains se retrouve dans les salaires ; une autre partie de ces gains se retrouve dans la baisse des prix relatifs des biens manufacturés, ce qui soutient la demande pour les produits industriels.

Au passage, les délocalisations et la sous-traitance favorisent l'émergence d'une demande solvable dans le pays émergent accueillant ces usines : les exportations françaises à destination de ce pays, notamment les exportations de produits à plus fort contenu en main-d'œuvre qualifiée, bénéficient ainsi d'un effet d'entraînement.

L'emploi global en France ne sera affecté que si les firmes françaises tardent à s'implanter sur ces marchés étrangers en plein développement (la Chine par exemple), ou si la France peine à développer des activités plus qualifiées ou plus innovantes (les biotechnologies par exemple) que celles « délocalisées ».

La contrepartie de cette dynamique est une sélection des firmes et des unités de production les plus efficaces. Or, les fermetures d'usines sont concentrées sectoriellement et donc géographiquement, dans la mesure où les industries traditionnelles ont été localisées dans des bassins de main-d'œuvre disposant d'un savoir-faire spécifique, ou à proximité de ressources naturelles.

Les impacts négatifs locaux sont donc puissants : ils affectent de surcroît les catégories les plus défavorisées et les moins mobiles (les non-qualifiés). À l'opposé les impacts positifs, même s'ils sont plus élevés que les précédents, sont aussi plus diffus et moins concentrés sur le territoire national (gains de pouvoir d'achat pour l'ensemble des consommateurs), et touchent les plus mobiles (création d'emplois qualifiés...). Il y a là tous les ingrédients d'un cocktail politique explosif. »

La France en retard ?

« *Ils* [les chefs d'entreprise français] *font de toute façon le constat unanime du retard profond (irrémédiable ?) de l'Europe et en particulier de la France par rapport aux États-Unis dans les TIC* et la biotechnologie et déplorent l'absence de spécialisation dans les activités à forte valeur ajoutée, que ce soit dans l'industrie ou les services.*

* TIC : Techniques d'information et de communication.

Ils estiment enfin avoir manqué d'une stratégie industrielle globale au niveau national ou européen. D'un certain point de vue, on peut entendre là un appel à une politique industrielle décomplexée mais aussi apurée de ses archaïsmes.

Enfin et surtout, ils expriment leurs craintes que la France, sans réelle stratégie de sortie vers le haut, ne devienne à terme un pays de services à faible contenu en valeur ajoutée, par exemple spécialisé dans la construction et le tourisme et donc à faible niveau de vie.

Le triangle gagnant : Formation-éducation supérieure/Recherche/Entreprises industrielles ne fonctionne pas en France, contrairement aux États-Unis. Les jeunes élites ne se dirigent plus vers les filières universitaires (ou grandes écoles) scientifiques et industrielles ; même lorsqu'elles le font, elles ne sont plus attirées à la sortie du système éducatif par les métiers de recherche appliquée dans l'industrie.

*Le lien Formation supérieure-recherche s'est brisé : les grandes structures de recherche type CEA et CNRS ne sont plus efficaces ; les grands corps de l'État (Mines, Ponts...) et les grandes directions DGA**, DGEMP*** ont perdu de leur pouvoir et ne sont pas remplacées. La recherche publique et technologique s'est enfin peu à peu déconnectée du monde de l'industrie, faute d'une vision stratégique de l'État.*

** DGA : Délégation générale à l'armement.

*** DGEMP : Direction générale de l'énergie et des matières premières.

Bref, c'est tout le modèle français associant formation des élites-marchés publics-culture scientifique qui est en cause, certains soulignant même qu'il est d'abord mis à mal par le poids des marchés financiers dans les décisions quotidiennes des grands groupes. [...]

Nos interlocuteurs jugent les politiques actuelles française et européenne profondément inadaptées. La politique française en faveur de l'éducation et de la recherche est insuffisante ; la politique française industrielle, dont l'appellation même a été fortement décriée, n'existe plus et se résume à un interventionnisme à court terme au coup par coup, sans aucune vision stratégique.

* PAC : Politique agricole commune de l'UE.

Au niveau européen, ils déplorent la prédominance de deux politiques sur les autres : la PAC ardemment défendue par la France et la politique de la concurrence... dont elle se dit souvent victime ; la politique industrielle européenne n'existe pas et de toute façon les politiques structurelles ne sont pas coordonnées au niveau européen.*

Par ailleurs, ils estiment qu'il est urgent "de réagir et d'adopter un mode survie". *Au cœur de cette stratégie, la nécessité de placer la recherche appliquée au premier rang des priorités. Sans capacité technologique entretenue, la France sera rapidement ramenée au rang de pays moyen, à la croissance molle, vivant de services à faible productivité. Ils soulignent la nécessité de retrouver une stratégie industrielle, aux niveaux français et européen.* »

À Paris, en janvier 2004, des chercheurs manifestent contre l'action du gouvernement français à l'égard de la recherche publique.

Une chance pour le Tiers-Monde ?

« Après la fabrication des tee-shirts, c'est au tour des services d'être réalisés dans les pays en voie de développement. Grâce aux satellites et aux réseaux à haute densité type Transpac, on assiste à une délocalisation du travail à l'échelle mondiale : saisie de données informatique, conception de logiciels... Alcatel CIT vient d'installer en Inde des liaisons satellitaires spéciales qui permettront à 50 entreprises de se connecter au réseau Transpac et d'échanger ainsi en quelques secondes des milliers de données informatiques : une aubaine pour les sociétés informatiques occidentales qui pourront travailler avec des ingénieurs indiens, dix fois moins bien payés.

Cette délocalisation ferait perdre quelque 30 000 emplois français selon une récente enquête du Nouvel Observateur. *Mais selon Jean-Pierre Duport, délégué de la Datar ((Direction de l'aménagement du territoire et de l'action régionale), cette sous-traitance a également un impact positif en permettant aux entreprises françaises d'être compétitives et de conquérir de nouveaux marchés.*

Certains pays, comme la Thaïlande, les Philippines ou l'île Maurice, sont spécialisés dans la sous-traitance informatique offshore. *La DATAR a envoyé à l'automne 1991 une équipe d'experts dans les Philippines pour étudier ce phénomène. Il ressort de leur mission que les télécommunications entraînent seulement un surcoût de 25 % pour des salaires de trois à dix fois inférieurs à ceux pratiqués en Occident. »* (Site Internet de Stefan Jaffrin.)

Le Tiers-Monde n'en profite pas toujours

« À l'heure où l'on parle d'entreprises sans usines en Europe, où le président Chirac retrouve ses accents de la campagne électorale de 1995 sur la fracture sociale, on peut se demander si les délocalisations ont au moins le mérite de favoriser le développement dans les pays pauvres.

C'est parfois le cas, comme en Chine. Quand on investit dans un pays en développement, c'est aussi pour se rapprocher de ses matières premières. Mais pas toujours. Car aujourd'hui, le transport des denrées n'est plus un problème et la transformation près des sources d'approvisionnement peut s'avérer coûteuse à la longue.

Voilà pourquoi, contrairement aux idées reçues, ce ne sont pas les pays pauvres qui accueillent la plus grande partie des investissements étrangers, mais les pays développés. Décider d'investir quelque part est par essence une activité à haut risque, car les concurrents ne font jamais de cadeaux, a fortiori quand il s'agit de délocaliser une unité de production ou de service, décision facilitée aujourd'hui par le développement d'Internet et du travail en ligne.

Or trop souvent, les conditions de sécurité les plus élémentaires ne sont pas réunies dans le Tiers-Monde. Depuis le sommet du Louvre à Paris il y a cinq ans, les sommets Afrique-France qui se succèdent abordent le thème de la résolution des conflits, priorité du continent. Et pour cause. Autrefois on disait : « Pas de démocratie sans développement ou pas de développement sans démocratie. » *À présent le credo est d'abord :* « Pas de développement sans sécurité. » *Difficile en effet de convaincre des cadres candidats à l'expatriation quand le pays d'accueil n'est pas sûr.*

Voilà pourquoi, bien souvent, les entreprises qui investissent à l'étranger optent plutôt pour des destinations où la productivité du travail est plus importante, quitte à payer des salaires et des charges plus élevés. Il est donc abusif d'affirmer que le Tiers-Monde est responsable du chômage de masse en Europe. D'autant que tous les pays d'Europe ne souffrent pas de ce fléau.

Mais il est clair aussi que l'investissement étranger est généralement reçu en fanfare dans le Tiers-Monde, car il permet à une région de se développer. Le président Chirac vient d'effectuer une visite au Niger. Dans ce pays, les mines d'uranium situées en plein désert dans la région d'Arlit, au Nord, font vivre aujourd'hui quelque 100 000 personnes. Et cela fait trente-cinq ans que le Niger et la France ont décidé de mettre ces gisements d'uranium en exploitation.

Des mines dont le défaut de rentabilité pourrait justifier, non pas une délocalisation comme dans les pays du Nord, mais une fermeture. On imagine cependant l'impact économique et social d'une telle décision pour une région qui retournerait immanquablement au désert. » (Norbert Navarro, 24.10.2003.)

Des propositions

Dans son rapport (déjà cité), Lionel Fontagné reconnaît qu'il y a pour l'Europe, et en particulier pour la France, un véritable risque de désindustrialisation et de perte d'emplois si les mesures annoncées ne sont pas mises en route et soutenues rapidement et si d'autres initiatives ne sont pas engagées. Et ceci, pas seulement dans le cadre français, mais au niveau de l'UE.

L. Fontagné insiste sur l'importance des pôles de compétitivité dont il faut définir le contenu et les pratiques. Il faut également prévoir une enveloppe financière de façon à ne pas mettre en cause la suite du déroulement de l'opération.

Il préconise de créer une université de technologie par an pendant cinq ans dans les pôles de compétitivité les plus importants et de rapprocher de ces universités les écoles d'ingénieurs auxquelles il souhaite une stature internationale.

Il demande que soit reconnue l'importance des petites entreprises dans le développement industriel afin de promouvoir leur internationalisation et leur capacité de résistance à la concurrence.

Au niveau de l'Union européenne, il souhaite que le Conseil fixe solennellement la liste des secteurs d'activité jugés prioritaires et stratégiques pour l'UE. Il demande un rapport annuel sur l'avancement du programme qui sera mis en place.

Il envisage qu'une équipe de trois industriels européens propose des initiatives relatives aux moyens de soutenir ces secteurs dans le cadre de la législation européenne.

Il pense qu'il est important que les marchés boursiers de valeurs d'innovation en Europe soient unifiés pour donner une taille suffisante au financement de l'innovation.

Il propose que soit créée une agence européenne indépendante possédant une capacité élevée d'expertise en matière scientifique, capable de reconnaître et de promouvoir les savoirs et les technologies innovantes. Cela afin d'éviter la dispersion des recherches. Un début de réponse a déjà été donné avec le Conseil européen de la recherche, créé en juin 2004.

Il souhaite que dans les secteurs jugés stratégiques, les déplacements de sièges sociaux européens soient conditionnés à un avis du Commissaire de l'UE à l'industrie. Ceci implique, pour la France, l'adoption d'une loi sur le statut de la Société européenne instituée par la Commission européenne en octobre 2004.

Enfin, il préconise la création d'un observatoire sur les fusions transfrontalières, en particulier en ce qui concerne les sociétés de capitaux.

La question se pose de savoir si, en pleine mondialisation, l'Union européenne peut mettre en place une réglementation limitant les effets du libéralisme qui conditionne les grandes entreprises mondiales. Les déplacements des sièges sociaux se font au niveau international et les fusions dépassent les frontières de l'UE.

Par ailleurs, les difficultés rencontrées par l'Union européenne à la suite de son élargissement laissent craindre un manque d'autorité, ne serait-ce que dans le contrôle des relations économiques de certains de ses membres avec les États-Unis ou dans leur volonté de s'insérer dans le marché asiatique.

À l'échelle mondiale, le marché reste roi et les entreprises qui ne trouveront pas les solutions pour se rendre compétitives à ce niveau risquent de connaître de grosses difficultés dont leurs salariés seront les principales victimes.

ANNEXES

Emplois délocalisés par secteur (1995-2001)	Emploi industriel		Moyenne annuelle *(en % de l'emploi de 1994)*		Source INSEE
	En 1994	Variation annuelle moyenne *(en %)*	Vers les pays développés	Vers les pays à bas salaires	Principales destinations des délocalisations
C1 : Habillement, cuir	197	- 5,8	0,1	0,7	Maroc, Tunisie, Viêtnam, Chine
F2 : Industrie textile	140	- 3,2	0,1	0,3	Roumanie, Chine, Italie, Mexique
E3 : Industrie des équipements électriques et électroniques	265	- 1,0	0,3	0,3	Chine, Rép. Tchèque, États-Unis
C3 : Pharmacie, parfumerie et entretien	151	- 0,9	0,6	0,0	Suisse, États-Unis, Allemagne, Irlande
F1 : Industrie des produits minéraux	186	- 0,9	0,2	0,1	Italie, Venezuela, Belgique
C2 : Édition, imprimerie, reproduction	222	- 0,9	0,1	0,0	Italie
F3 : Industries du bois et du papier	183	- 0,5	0,1	0,1	Indonésie, Brésil, Finlande
C4 : Industries des équipements du foyer	223	- 0,4	0,1	0,5	Chine, Pologne
E1 : Construction navale, aéronautique et ferroviaire	134	- 0,3	0,4	0,0	États-Unis, Allemagne
D0 : Industrie automobile	286	0,2	0,2	0,0	Espagne
E2 : Industries des équipements mécaniques	422	0,7	0,1	0,1	Italie, Turquie, Royaume-Uni, Chine
F5 : Métallurgie et transformation des métaux	432	0,7	0,1	0,1	Belgique, Brésil
F4 : Chimie, caoutchouc, plastiques	354	0,9	0,2	0,1	Inde, Espagne, Pays-Bas
B0 : Industries agricoles et alimentaires	569	0,9	0,2	0,1	Allemagne, Pays-Bas, Espagne, Belgique
F6 : Industries des composants électriques et électroniques	170	2,6	0,4	0,3	Italie, Espagne, Chine, Maroc
Total	**3 934**	**- 0,1**	**0,2**	**0,2**	

Répartition des emplois détruits en Europe, par type d'opération et par secteur*

	Emplois supprimés		Opérations de restructuration	
	Nombre	Répartition	Nombre	Répartition
Postes et télécommunications	177 812	22,86	195	13,40
Services financiers	120 220	15,46	122	8,38
Transport et stockage	94 314	12,13	129	8,87
Métallurgie et mécanique	69 334	8,92	181	12,44
Moteurs	53 213	6,84	79	5,43
Boissons, alimentation, tabac	29 607	3,81	89	6,12
Textiles et cuirs	29 515	3,80	119	8,18
Chimie	28 950	3,72	91	6,25
Commerce	28 691	3,69	64	4,40
Matériel électrique	26 673	3,43	63	4,33
Meuble	22 260	2,86	64	4,40
Industries extractives	20 175	2,59	9	0,62
Énergie	19 326	2,49	24	1,65
TIC	14 988	1,93	64	4,40
Édition et médias	11 236	1,44	37	2,54
Spectacle	8 724	1,12	29	1,99
Services de consulting	6 919	0,89	26	1,79
Verre et ciment	5 548	0,71	29	1,99
Hôtels, restaurants	2 827	0,36	10	0,69
Santé	2 693	0,35	9	0,62
Bois papier	2 310	0,30	12	0,82
Maintenance et nettoyage	1 150	0,15	4	0,27
Éducation	587	0,08	2	0,14
Agriculture et pêche	457	0,06	2	0,14
Services à la personne	165	0,02	2	0,14
Total	**777 694**	**100,00**	**1 455**	**100,00**

Source : European Monitoring (EMCC), Dublin.

* Industrie et services, du 1er janvier 2002 au 15 juillet 2004, « autres opérations » exclues.

Répartition des emplois détruits en Europe, par type d'opération*

	Emplois supprimés		Opérations de restructuration	
	Nombre	Répartition	Nombre	Répartition
Restructuration interne	589 325	75,52	910	62,50
Faillite ou fermeture	110 127	14,11	330	22,66
Délocalisation	36 977	4,74	104	7,14
Fusion-acquisition	23 990	3,07	51	3,50
Sous-traitance internationale	19 155	2,45	16	1,10
Autres	820	0,11	45	3,09
Total	**780 394**	**100,00**	**1 456**	**100,00**

Source : European Monitoring (EMCC), Dublin.

* Industrie et services, du 1er janvier 2002 au 15 juillet 2004.

Secteurs d'activités impliqués dans les importations industrielles venant des délocalisations - France - Entreprises de 20 salariés et +

	Part dans les importations industrielles du secteur *(en %)*				
	1993	1999	2000	2001	2002
C1 Habillement-cuir	45,6	50,1	52,3	54,5	56,5
C2 Édition-imprimerie	4,3	3,8	5,3	5,5	6,6
C3 Pharmacie-parfum	2,4	7,2	6,3	6,0	7,3
C4 Équipements du foyer	8,2	25,6	25,5	27,9	34,6
D0 Automobile	4,4	4,4	5,9	7,2	8,4
E1 Aéronautique, nav.	2,1	2,8	3,6	3,8	3,7
E2 Équipements mécaniques	2,3	4,7	5,9	5,8	6,2
E3 Équipements él. et électron.	0,4	24,0	26,8	26,1	25,8
F1 Minéraux	4,1	5,7	7,6	7,9	7,7
F2 Textile	13,9	20,1	22,0	24,0	25,3
F3 Bois papier	5,8	9,3	11,1	11,1	11,1
F4 Chimie-plastique	6,0	7,3	8,5	9,5	10,1
F5 Métallurgique	18,8	19,4	20,8	20,6	20,2
F6 Composants él.	11,5	28,5	26,2	24,3	22,4
EG	2,0	3,1	2,0	1,9	3,7
Total	**9,4**	**14,2**	**15,7**	**15,6**	**15,8**

Source : Douanes - Conseil d'analyse économique.

Évolution des importations de biens manufacturés des entreprises industrielles françaises

En millions d'euros

	1993	1999	2000	2001	2002	2003*
L0 : importations totales de biens manufacturés des entreprises industrielles de 20 salariés et plus, dont :	64 472	101 609	124 048	118 275	113 881	116 550
• L1 : en provenance de pays dit de délocalisation	6 073	14 381	19 459	18 462	18 031	18 861
• L2 : en provenance du reste du monde	58 399	87 228	104 589	99 813	95 850	97 688
L1/L0 : part des importations totales provenant de pays de délocalisation *(en %)*	9,4	14,2	15,7	15,6	15,8	16,2

Champ : Entreprises de l'industrie manufacturière (hors IAA) de 20 salariés et plus.
** Estimation SESSI.*

Sources : Douanes et EAE (SESSI).

Évolution de l'emploi industriel par fonctions, hors intérim

Effectifs en milliers d'individus

	Effectifs (1990)	Évolution 1990-2002	Variation			
			1990-1994	1994-1997	1997-2001	2001-2002
Production	2 466	- 368	- 427	- 39	+ 81	+ 18
Recherche, étude, informatique	342	32	+ 2	+ 20	+ 30	- 20
Commerce, vente	342	1	- 11	- 8	+ 12	+ 7
Fonctions administratives	305	- 1	- 19	+ 17	+ 3	- 1
Manut., magasinage, transports	355	- 63	- 72	+ 4	+ 28	- 23
Installation, entretien	263	0	+ 6	+ 4	3	6
Guichet, standard, secrétariat	224	96	+ 33	+ 16	+ 29	+ 17
Total	**4 403**	**- 507**	**- 575**	**- 15**	**+ 130**	**- 46**

Source : Enquêtes Emploi, 1990 à 2002.

Évolution de l'emploi par secteur sur vingt ans

En milliers

	1982		1992		2002	
	Intérim reventilé					
	Non	Oui	Non	Oui	Non	Oui
Industrie	5 230	5 284	4 387	4 475	4 057	4 352
Construction	1 417	1 427	1 258	1 284	1 270	1 374
Tertiaire	6 598	6 534	7 749	7 635	10 146	9 747
Ensemble de secteurs concurrentiels	13 245	13 245	13 394	13 394	15 473	15 473

Source : INSEE - DARES.

Index

Index

En couverture :

(Voir page 5)

© Cliché Georges Delobbe

En haut :

Bourse ou *Stock Exchange* de Hong Kong.

© Getty Images

Crédits iconographiques

Cliché Georges Delobbe : p.5 - Getty Images/Bp : p.6 ; /Charles Gupton : p.41 - Réa/Ludovic : p.8 ; /Frédéric Maigrot : p.23 ; /Didier Maillac : p.24 ; /Valérie Macon : p.32 ; /Dannemiller : p.38 ; /Fanny Tondre : p.65 - Réa-Laif/Martin Sasse : p.21 - L'Œil du Sud/Marc Torres : p.26 - Rue des Archives/The Granger Collection NYC : p.10 - Collection Kharbine-Tapabor : p.11 - Collection Christophe L. : p.12 - Sipa/Haley : p.13 ; /Tschaen : p.18, 76 ; /EPA/Hapag-Llyod : p.28 ; /AP/Bill Starling : p.42 ; /Michel Euler : p.84 - Hachette Photos Illustrations/Yann Tierny : p.15 - Kharbine-Tapabor/Collection IM : p.16 - Rapho/Jacques Grison : p.17 ; /Ed Kashi : p.78 ; /Hervé Gloaguen : p.89 - Magnum Photos/David Seymour : p.22 ; /Philip J. Griffiths : p.37 - PEMF : p.35, 45, 62 ; /DR : p.47 - Sygma/A. Keller : p.51 - AFP/EPA/Robert Ghement : p.53 - Cosmos/Marc Henley : p.56 ; /SPL/Astro GE Space : p.83 - Gamma/Vincent Leloup : p.68 ; /Jean-Luc Luyssen : p.92 - Photo RMN/Loïc Hamon : p.87 - DR : p.31, 33, 73, 75, 88.

Recherche iconographique : Fabienne LAGORCE.

Secrétariat de rédaction et corrections : Karine DELOBBE.

Suivi éditorial : Laurent BÈGUE.

Maquette : PEMF - Ollivier LAGRANGE.

Infographie : Ollivier LAGRANGE.

Maquette de la couverture : PEMF.

Imprimé en France par : Imprimerie Moderne de l'Est (Baume-les-Dames, Doubs).

Dépôt légal : Juin 2006

N° Éditeur : 2006/10472